KB070700

인생역전

인생역전

1판 1쇄 발행 2023년 11월 3일

지은이 리아

편집 이새희
마케팅・지원 김혜지

펴낸곳 비밀 펴낸이 김윤아

이메일 wy0019@naver.com
블로그 blog.naver.com/wy0019 인스타 @lia._.oo

ISBN 979-11-984001-7-8 (03180)

선한 빛이 널리 퍼지며
여러분의 일상과 세계관의 행복이 가득하기를 연구합니다.

인생역전

리아 지음

비밀

차례

소개

.... 바로 물어볼게요. 지금 이 책을 보는 독자에게 질문을 하고 싶습니다. "당신의 진정한 행복이 무엇입니까?" 단순하게 사회에서 위치적으로 인정을 받고 남 부럽지 않을 돈을 벌면서 조건 좋은 상대와 결혼하고 아이를 낳으며 사는 대중적인 이야기일지 궁금합니다. 이들에게도 행복보다는 불행이라는 단어가 더욱 친근하게 다가오는 경우가 많습니다. 사람이라면 누구라도 고민할 만한 것은 앞으로 무엇을 하며 살아야 할지, 어떻게 벌어 먹고 살지, 누구를 만나야 할지, 노후 준비는 어떻게 해야 할지 이런 건 사람이 살면서 죽기 전까지 거쳐 가는 생각들 중에서 극히 작은 일부분일 뿐입니다. 다만, 너무나도 쉽게 노출되어 있는 주제일뿐더러 흐름 자체가 사람의 의식주가 걸린 문제이다 보니 더욱 민감하게 다가올 뿐입니다.

그렇지만 중요한 것은 자신이 진정으로 만족하는 것에 있습니다. 한 번 살다가 죽는 인생, 어차피 살아야 한다면 제대로 살아 봐야 하지 않겠습니까? 이런 분들도 계실 수 있습니다. 회사나 단체에서 경쟁을 하는 가운데 이겨야 하는 라이벌이 존재하거나, 더욱 높은 자리로 올라가고 싶은 분들께 한 가지 질문을 더 해 보겠습니다. "그렇게 라이벌을 이기고 높은 자리에 올라가서 얻는 건 무엇입니까?" 다양한 답이 있겠습니다. 뿌듯함, 직위, 인정 등 사람의 욕구를 충족해 줄 만한 요소가 대부분입니다. 하지만, 저자는 이러한 내용이 아닌, 저러한 요소보다 한 층 더 초월하는 행복의 요소를 소개드립니다.

Chapter 1.

시작

*진정한 가치

* 각 사람마다 하나씩은 가지고 있는 것이 있습니다. 작지만 '가치'라는 친구가 한 사람의 전반적인 인생을 결정 짓곤 합니다. 예를 들면 유년기 시절을 보내고 있는 A라는 남자아이가 미숙하고 여린 자아가 형성되기 시작한 때부터 관찰과 생각을 하는 것을 본인이 인지할 수 있는 단계가 옵니다. 이 아이 눈앞에 펼쳐진 환경은 다정하고 금실 좋은 아이의 부모가 나란히 식사를 하면서 해맑게 대화를 나누는 풍경입니다. 말하는 것도 서툴고 단어라는 자체가 낯선 어린아이에게는 눈과 귀가 달려있고 자아라는 생명이 있기 때문에 이러한 부부의 행동을 보면서 무의식적으로 알게 됩니다. '지금 행복한 상태'인 것을….

그리고 꾸준한 부모의 원만한 관계와 사랑을 받으며 자란 아이는 크면서 자신의 가치는 정착하게 됩니다. "우리 부모님은 늘 다정하셨어, 나도 다정하게 살고 싶다. 나도 다정한 사람이 될 거야." 그 순간에 생각이 나는 문장은 다양하겠지만, 하나의 가치를 정착시키는 단계를 문장으로 표현해 봤습니다. 그렇다면, 이 아이는 다 큰 성인이 돼서도 이 다정함을 평상시에 계속 생각을 하진 않더라도 무의식적으로 인지를 하고 있어서 본인의 다정한 면을 더욱 사랑하게 되고, 다정하게 살려면 어떻게 해야 할까? 고민을 하게 되며, 다정한 성향을 가진 사람을 좋아하게 된다는 것입니다. 지금까지 소개해 드린 A 남자아이의 인생 연대기는 부모로부터 받은 좋은 영향을 자신의 인생에 나열해 온 유형이라고 한다면 반대의 경우도 있습니다. A 남자아이와 똑같이 유년기 시절을 보내고 있는 B라는 여자아이가 있습니다. 이 아이도 마찬가지로 미숙하고 여린 자아가 형성되기 시작한 시기입니다.

그러나, 부모님은 잦은 불화로 이혼을 하게 되고, 어머니가 아이를 키우게 되는데 외롭고 무거운 책임감, 부정적인 생각에 사로잡혀 매일 같이 술을 마시며, 울며 잠듭니다. 다행히도 아이의 외할머니가 친부모를 대신해서 양육을 해 주지만, 눈앞에 펼쳐진 환경은 이미 칙칙하고 붕괴된 가정의 모습, 술에 취해서 잠에 든 불행한 엄마와 그 모습을 홀로 보고 있는 쓸쓸한 모습의 친할머니, 사실상 이러한 생각은 조금 더 성장을 하고 난 뒤에 스스로 나열이 가능한 것은 맞지만, 아이는 무의식적으로 인지를 합니다. '아프다.' 이로 인하여 따뜻함을 맛보고 싶은 마음에 다정한 가치를 원하는 굶주린 사람으로 성장을 하게 되며 정착되는 '우리 부모님은 왜 다정하지 않았을까, 나는 다정하게 살면 안 돼? 나는 다정한 사람 만나고 싶어.' 혹은 '다정한 사람이 싫어.'라는 방향을 잡게 됩니다. 앞서 소개해 드린 글에서 A 남자아이는 긍정적인 영향을 받으며 꾸준히 미래까지 이어가는 모습을 볼 수 있었다면, B 여자아이는 반대로 부정적인 영향을 받으며 꾸준히 미래까지 이어가는 모습을 볼 수 있습니다. 모두가 행복하면 다행이고, 그만일 테지만 막상 현실은 각각 다른 숙제를 가지고 있으니 비슷하더라도 다른 영향 속에서 살고 있습니다.

부정적인 환경 속에서 자란 B 여자아이는 과거를 원망하거나, 현실을 부정하는 건 그렇다고 쳐도 미래를 그리는 순서에서는 '다정한 사람을 만나고 싶다', 그리고 '다정한 사람이 싫다'는 두 부류로 나뉘게 되는 것인데, 전자의 경우는 본인이 받아 본 경험이 적거나 없기 때문에 타인으로부터 갈구하는 나약한 상태를 말합니다. 여기서 나약한 상태는 자신은 무언가를 하고 싶지만, 그럴 힘이 없다는 상태를 의미합니다. 후자의 경우는 다정한 사람이 싫다는 것은 낯선 상태를 말합니다. 이 또한 본인이 처해 본 환경이 없거나 단지 바라기만 했던 상황인데 자신감이 없을 때 싫다는 표현으로 애써 부인하거나, 표현이 서툴러서 좋은 것을 반대로 표현하는 경우도 있습니다.

이와 같이 A 남자, B 여자아이로 예시로 봤다면 자신의 진정한 가치는 무엇입니까?

• 새로운 마음가짐

·······································

    • 진정한 가치? 자세하게 무엇을 말하는 건지 의문이 든다는 것은 조금 더 진중하게 생각을 해보겠다는 마음이 깨어났다는 증거입니다. 가치는 하나의 마음가짐으로 만들어지고 시작이 되는데, 저자의 예시로, 저의 가치는 '사랑'입니다.

    저의 이야기로 표현하면, 저는 어렸을 때부터 파란만장한 삶을 살았습니다. 굶지는 않았지만, 어려운 형편에 그저 행복하지 못했던 가정 속에서 다소 화목하지 않은 관계 중에 한 명이었습니다. 아주 어릴 때는 몰랐습니다.

    내가 사랑에 목말라 있는지를 당연히 모른 채, 그저 상황을 보면서 난 왜 이렇게 살아야 할까, 왜 우린 불행한가 상황을 탓하고 단지 시야가 좁고 좁았습니다. 그만큼 경험이 적었으니까요. 그때부터였습니다. 저는 어릴 때부터 기독교 생활을 했었기 때문에 교회에서 '사랑'이라는 주제로 많은 수업을 받았습니다. 단지 행복하지 않은 상태의 '나'라는 자신이 사랑이라는 단어로 하나님 존재와 분반 시간에 나오는 책에서 종종 나오는 사랑한다는 이야기로 눈물을 흘리곤 하였고, 굶주리고, 갈망했습니다. 저 또한, 청소년기에는 흔히 질풍노도의 시기라고 사춘기를 아주 격하게 체험했습니다. 지금 생각 해보면 흐뭇해지는 추억이긴 하지만, 한쪽 가슴이 울리는 슬픈 기억이기도 합니다. 제 소개의 첫 문장과 같이 파란만장한 삶을 살아온 것에서 청소년기가 중요한 시기였습니다.

인생 전반에서 역할을 다하는 시기라는 뜻입니다.

사실상 청소년기, 학생의 시절에는 갈 수 있는 곳이 성인보다는 더욱 한정적이기 때문에 저는 집 아니면 학교였는데, 화목하지 않고, 늘 칙칙한 집안과 학교는 내 고통과 여린 마음을 쉬게 해 줄 공간도, 친구도, 공부도 없었습니다. 집에만 얼른 가고 싶다는 생각과 얼른 졸업하고 싶다는 막연한 계획까지⋯. 그중에서도 잊을 수 없습니다. 부모와 자녀 관계, 선생과 제자의 관계, 친구의 관계 모든 것들 중에서 의심이 들기 시작했습니다. "난 저 사람들이 싫어, 저 사람들도 날 사랑하지 않아. 그 사람들은 단지 달랐을 뿐이었는데." 의심을 하고 애써 부인했습니다. 문제는 제 마음에 있었는데 말이죠. 저는 제 자신에게 확신이 없었습니다. 그 무엇보다도 다른 타인보다도 저를 의심하는 것이었다는 사실을 다 큰 성인이 돼서 알게 되었습니다. 그리고 깨우친 것은 '나'라는 존재를 스스로 사랑해 주지 않으면 타인도 사랑하지 않고 똑같이 미워하게 된다는 것입니다. 물론 전환점은 분명히 존재합니다. 저는 기독교 생활을 하면서도 방황을 많이 했지만, 진정으로 하나님의 사랑이 무엇인지 진리 그대로 깨닫고 지금 행복하게 살고 있습니다.

그 전환점에서는 '하나님을 믿고 사랑한다는 내가, 어째서 나를 사랑해 주지 못하고, 이렇게 방황만 하는가?'에 대해서 깊게 빠진 적이 있었는데, 답은 하나였습니다. 그만큼의 관심도 아니었고, 방법을 모를뿐더러 속으로만 바라고 원하는 갈망이었다는 것입니다. 그리고 제대로 정신을 차리고 본격적으로 찾아보기 시작했습니다. 첫 번째로는 성경, 다음은 어느 심리학 영상, 도서를 통해서 방법을 습득했습니다.

정답은 성경에 있고, 그 정답에 달성하기 위한 방법은 이미 내 주변에 다양하게 펼쳐져 있는 사실이 보였습니다. 이때 찾아 낸 성경의 네 이웃을 내 몸과 같이 사랑하라 말씀 구절이라는 정답과 내 주변 사람을 내 몸과 같이 사랑하는 방법? 그럼 나를 사랑해야 할 텐데…. 그래서 찾게 된 나를 사랑하는 방법에 대한 분석과 연구를 통하여 얻어냈습니다.

나를 이해하는 것에서 시작됐습니다. 내가 좋아하는 꽃, 음식, 성격, 나의 모습 그리고 싫은 것은 음식 정도로만 구분하고, 저 자신과 대화를 했습니다. "나는 이런 걸 좋아했고 지금도 좋아하는구나?", "기쁘다, 이런 나의 모습이 좋아서." 그동안 스스로에게 날렸던 채찍은 버리고 나를 사랑하는 방법을 터득해서 실천했습니다. 그리고 발견한 저의 모습은 어둡고 캄캄한 공간에 한 작은 철창에 갇힌 제 모습이었습니다. 너무나도 자신한테 미안하고 안쓰러워서 한동안 눈물을 쏟았습니다. 그리고 사과를 했습니다. 타인이 아닌 내가 나를 미워했던 사실에 너무나도 미안했습니다. 그리고 다독여줬습니다.

스스로에게 칭찬해주는 것이 처음에는 낯설게 느껴지다가 이제는 너무나도 자연스럽게 제 자신과 장난도 칠정도로 저는 제 존재가 사랑스럽습니다. 이때 기간은 굳이 따지지 않았습니다.

　어차피 한순간만 사는 제가 아니기 때문에 늘 그 순간마다 느끼는 제 감정과 스치는 생각을 그랬냐며 이해하고, 채찍질이 아닌 실수를 하더라도 그럴 수 있다. 이 것이 기회였나보다 넘기는 재치로 인하여 보다 자연스럽고 익숙해지면서 저는 제 스스로가 친근하면서 다른 타인 또한, 돌아볼 수 있는 여유가 말로 표현하기 아까울 정도로 많아졌습니다.

　세상이 이렇게 밝았던가요? 지금이라도 알아서 다행이고 감사합니다. 제가 만든 철장 안에 평생을 갖혀서 나한테 채찍질을 날리니 그동안 볼 수 없었던 밝은 광경을 이제 철장을 뚫고 나와 채찍을 버리고 저를 다독여 주는 과정에서 빛을 발견했습니다.

　그렇다면, 독자는 어떠한가요?

*올바른 마인드 코치

* 자신의 마음 상태를 아는 것은 훈련이 필요하지만, 그만큼 관심만 쏟으면 알 수 있는 것이 사람의 마음입니다. 분명히 지금 지치고 답답한 상황인데, 무엇을 원하는지, 해야 할지 명확하게 알지 못하고, 막막한 상태일 때라고 치면 어떠할까요? 어느 사람이라도 살면서 필연적으로 겪는 지치고 답답한 마음을 한 번씩은 경험을 하게 됩니다.

그럴 때마다 마냥 원망스러운 말을 뱉거나, 혹 술이나 담배를 의지하며 그 순간은 지나치거나 잠을 자면서 피하거나, 좋아하거나 편안한 사람에게 연락해서 같이 시간을 보내며 잠시 고통을 잊는 것 등 자신이 그동안 능숙하게 해 왔던 방식대로 대처를 하게 됩니다. 어느 상황이 지치고 답답한지는 각자마다 처한 환경에서 생각해 보면 되겠지만, 그럴 때마다 사람은 순간에 고통이 너무나도 괴로워서 무언가 대피할 수 있는 공간을 찾게 됩니다. 맞습니다, 그 순간은 본인의 방식 대로 좋고 편안하고, 즐길 수 있습니다. 그렇지만, 많은 사람들이 의문에 빠지는 부분이 바로 '지속성'입니다. 꾸준하게 이어지는 편안함이 아니라는 것에 깊은 우울함, 분노, 무기력 등을 겪곤 합니다. 지금 현대 사회에서 더욱 많이 발견할 수 있는 모습입니다. 그렇다면, 이 글을 보고 있는 독자는 잠시 동안만 편안하면 그만일까요? 어차피 태어난 세상에서 죽을 때까지는 버티고 살아야 할 텐데, 이왕 살 거면 편안하게 살고 싶은 것이 사람의 소원이 아닐까요? 누군가는 이러한 평범한 삶이 어렵고, 없다는 식으로 주장하기도 합니다만, 실제로 존재합니다. 어떠한 방식이든 공부나, 기술이라도 정석대로 하면 문제가 안 생깁니다. 무언가 더하거나 빼면 착오가 생기거나 조금 더 안정성을 위해서 다른 방법을 찾을 시도를 합니다. 예를 들면, 한 소녀가 스콘을 굽기 위해서 본래 있었던 레시피 그대로 만들고 잘 먹던 와중에 한 생각이 떠오릅니다.

무언가 원래 있는 레시피에서 재료를 더해 보면 색다른 식감과, 나만의 레시피가 탄생할지도 모른다는 생각에 시도를 해 봅니다. 물론, 성공을 한다면 새로운 맛의 발견과, 본인의 레시피 탄생이 보상으로 다가오겠지만 마냥 기대했던 맛과 조합이 아니라면 실망스럽기도 하면서 힘이 빠지는 현상이 일어나기도 합니다. 그렇지만, 여기서 전하고자 하는 의미는 스콘을 잘 만드냐, 못 만드냐가 아닙니다. '기본 레시피에 얼마나 충실했냐'는 것입니다. 분명히 원래 있던 레시피도 누군가 연구하고 탄생한 레시피인 것은 사실이지만, 그러한 과정을 겪기 위해서 새로운 스콘을 위한 재료를 연구하고, 본인이 원하는 결과와 비슷한 혹은 똑같은 스콘이 존재하는지 시장 조사는 물론 하나를 만들더라도 다양하고 철저하게 준비된 새로운 스콘이 좋고 나만의 이름이 담긴 음식을 만드는 것과 차이는 큽니다.

기본기가 탄탄하게 잡혀 있는 철저히 준비된 스콘은 출시를 하더라도 근본적으로 뒷받침을 해줄 수 있는 근거가 있습니다. 만들기 전에 하나의 스콘을 만들기 위해서 찾아다닌 재료와 비슷한 스콘이 존재할지도 모르는 생각과 더욱 나은 상태를 위한 시장 조사를 한 것의 경험을 나열할 수 있습니다. 그렇지만, 마냥 좋아서 새로운 맛, 나의 이름을 위한 목적은 이 세 가지가 뒷받침입니다. 단순하게 취미로 하거나, 선물 등 목적으로 하는 것은 이 내용들과 무관하지만, 중요한 것은 판매를 해서 사람들에게 널리 알리는 스콘이 된다면 어떻게 될까요? 어느 상품과 음식, 건물 등 본질이 탄탄한 것은 넓고 오래 보존됩니다. 이와 같이 본인의 마음 또한, 그 순간에 마냥 좋은 것과 나만의 무언가를 만들고 싶다는 1차원적인 생각에서 더욱 발전된 본인의 과정, 레시피를 만드는 것입니다.

세상에는 다양한 사람들이 존재한다지만, 어떠한 다양함일까요? 분명히 똑같은 사람이 없다는 것은 맞습니다.

그렇지만 비슷한 사람은 있습니다. 여러 책에서 소개되는 위인들이나, 악인들 어느 대상이라도 본인의 성격을 지니고 있습니다. 물론 본인의 그러한 색깔을 좋게 사용한 사람은 누군가에게 이로운 영향을 주는 위인으로 남았지만, 그것이 아닌, 본인의 색깔을 자신의 이용 수단으로 사용을 해서 경고를 해주는 악인들도 기록되어있습니다. 만약에 부지런한 성격이 형성된 사람일 때에 '부지런히 덕을 쌓다'와 '부지런히 꾀를내다'는 엄연히 다릅니다. 인생사 자체가 달라지는 부분입니다. 참된 올바른 마인드란 본인이 찾아보고 레시피를 만들어 보는 것입니다. 본인의 강점을 극대화한 내면은 반드시 빛나게 되어있습니다. 자신이 빛나지 않는 사람은 없습니다. 단지 보이지 않는다면, 빛이 미약할 뿐입니다. 더욱 밝히고 본인과 세상으로 널리 이로운 영향을 나눠보세요. 한 사람의 마인드(마음 상태)를 코치하는 시작은 '본인'입니다.

°Chapter 2.

기회

*선택을 찾아라

*이 글을 읽고 있는 독자는 선택을 하였습니다. 인생역전이라는 책 제목부터 마음속으로 무언가 바라는 점이나, 새로운 꿈을 갖기 위해서 혹 각자만의 원하는 목적으로 읽을 것입니다. 대표적으로 생계를 담당하는 경제적인 평판입니다.

호화롭고 여유롭고 인생을 즐기는 삶은 무엇일까요? 흔하게 알고 있는 돈이 많고, 인맥이 많고, 학벌이 좋은 것이 즐기며 사는 인생에 중요한 역할을 하겠습니까? 요즘은 경제적으로 부유하진 않더라도, 자식 교육에 온몸이 부서져라 일을 해서 투자를 하는 일이 너무나도 흔하게 볼 수 있습니다. 저자는 그러한 일을 볼 때마다 이러한 광경이 그려집니다. '성공의 깃발을 향한 길에서 교육이라는 수단에 집착, 부모의 결핍 혹은 욕심, 그리고 자식에게 그대로 이어지는 결핍과 욕심' 누구를 위한 노력일까요? 물론, 부모의 입장에서는 자식에게 더욱 더 나은 미래를 위한 일, 자식에게는 부모님이 좋아해서 혹은 시키셔서 하는 일, 사람마다 사정은 다릅니다. 그러나 중요한 부분은 그것이 진정으로 본인에게 가져다주는 것이 무엇이냐는 것을 짚어보는 것입니다. 직업에 있어서 귀천

이 없다는 말처럼, 맞습니다. 직업은 단지 본인의 특성을 발휘해서 생계를 유지할 수 있는 물질을 구하는 방법일 뿐, 본인을 증명하는 것에는 수준 이하입니다. 사람마다 타고나는 재능은 제각각 다르며, 비슷한 사람 둘이어도 저 사람마다 하는 구역이 다를 수 밖에 없습니다. 예를 들어 예술 분야에서 노래를 부르는 가수와 작곡을 하는 작곡가는 예술이라는 같은 분야이지만 각자 하는 일이 다릅니다. 가수는 작곡가가 만든 노래로 노래를 부르고 작곡가는 가수가 부를 노래를 작곡하는 역할을 합니다. 이와 같이 세상에서 전망이 좋고, 수익이 많고, 인정도 많이 받을 수 있는 직업, 예 좋습니다. 그렇지만 진정한 행복을 가져다주진 못합니다. 그럼에도 행복하다, 좋다는 사람은 자신의 결핍이나, 오래된 욕망을 채우는 수단이 충족이 되었기 때문에 그 순간에 만족을 할 수 있지만, 유지는 어렵습니다.

이것이 현실입니다. 자신의 자식이 혹은 본인이, 어느 처지에서 직업 하나를 선택을 하더라도 어려운 환경에서 자란 이유로 돈을 많이 벌 수 있는 직업, 또는 남에게 무시받지 않는 직업을 고르는 것은 한마디로 본인의 결핍을 채우는 일차원적인 선택과 방어기제에 불과합니다. 이러한 목표가 좋다는 사람은 어차피 달성이 되어야 좋다는 것으로 보여서 응원합니다. 그렇지만, 차원이 다른 삶의 여유와 행복까지 불러오는 방법을 습득을 하시는 분은 남은 일생의 평안함이 가득하길 확신합니다. 한 번 태어나서 어차피 살아야 할 인생, 제대로 살아봐야 하지 않겠습니까? 남이 하니까 하는 그러한 인생이 아닌, 본인이 무엇을 원하고 갈망하는지를 찾고, 꿈을 성취해 보는 멋지고 위대한 인생은 어떻습니까?

크고, 거창한 일보다는 본인의 색깔에 맞는 선택을 찾아보는 것입니다. 어차피 인생은 선택이라는 친구가 끊임없이 찾아올텐데, 제대로 골라보는 것이죠. 만약에 고등학교를 선택해야 하는 어느 중학생이라면, 본인이 진정으로 원하는 꿈이 무엇인지 곰곰이 생각해 보는 시간을 갖는 것입니다. 먼저 본인의 꿈이 무엇인지 파악하는 것과 그것에 맞는 학교가 어느 곳인지, 그 학교에서 자신의 꿈을 이뤄낼 굳은 다짐을 할 수 있는가?

만약 그 학교를 들어가서 꿈을 이루는 도움이 부족하더라도 자책하지 않겠다는 용기를 키울 수는 있는가? 등 본인에게 질문을 던져보고 대화를 해보든, 종이에 적어보든, 누군가와 대화를 해보든 시도를 해본다면, 분명히 답은 나옵니다. 무엇을 선택해야 할지 모르는 갈등에서 가는 대로 혹은 누군가의 강요로 선택하고, 아무런 목적 없이 선택을 하는 것은 현재에서는 몰라도, 언젠가는 후회라는 친구가 찾아올 수 있으니 그간에 천천히 생각해 보고 선택을 해서 결정을 내리는 것입니다. 어느 나라이든, 분야이든, 그 구간에서 성공한 사람들의 대표적인 특징 하나로는 자신만의 소신이 있다는 것입니다. 본인의 소신이 굳건하게 세워지는 연습을 통하여 더욱 견고한 꿈을 이뤄내는 성과를 갖게 되는 것입니다.

사소한 일처럼 보이는 이러한 행동들이 기초적인 근본 행동입니다. 기초가 단단히 잡히면 그 뒤에는 술술 풀리는 것은 시간 문제입니다. 이미 기초를 다지는 데 방법과 느낌과 성공한 경험이 단단히 잡혀 있으니, 그 뒤에 오는 관문이 새롭게 시작되는 한순간으로 느껴질 뿐, 시간 문제라고 했듯이 시간이 흐르는 것만 잘 버텨내면 어느 순간 한 단계 성장해 있는 본인이 발견되어 뿌듯하고, 만족하고, 흐뭇하게 미소 짓는 본인을 발견하게 됩니다. 자신의 목소리를 방치하지 마세요.

언제나 외쳐지고 있는 자신의 꿈을 존중해야 합니다. 타인이 원하는 꿈과 갈망이 아닌, 본인이 진정으로 행복할 수 있는 일을 선택해 보세요. 분명합니다. 자신의 얼굴의 화색 부터 달라지는 것을 발견합니다. 본인이 중심에 제대로 서 있다면 인생은 단지 내 손아귀에서 꿈을 이루는 데 도움을 주는 수단 중에서 하나일 뿐입니다. 대부분의 사람들은 사람의 인생은 험난하고, 어렵고 복잡하다는 표현을 자주 합니다. 아직 방법을 몰라서, 자신감이 없는 사람에게서 자주 나오는 말이기도 합니다. 방법만 안다면 사는 것은 단지 즐거움일 뿐입니다.

어느 고통과 시련이 닥쳐오더라도 '또 시작되었구나'라는 듯 태연하게 넘길 수 있는 여유를 장착하게 됩니다. 제대로 된 선택을 하는 것과 찾는 것은 무엇일까요?

간단합니다. 본인이 진정으로 원하는 것을 고르는 것, 그것이 기회를 가져다줍니다.

°기회를 잡아라
....

°물 흐르듯 흘러가는 하루 중에서 무슨 기회를 말하는 거고, 잡으라는 건지 의문이 들 수도 있을 것 같습니다.

늘 그래왔듯이 아침에 기상해서 씻고 밥 먹고, 학교 가거나 직장에 가거나, 집안일을 하거나, 놀거나 평범한 일상들 중에서 의외로 사람이 그렇게 소중하게 여기는 황금 같은 기회들이 둥둥 떠다니는 사실을 알고 계시나요?

주변으로부터 찾는 기회보다는 그 순간마다 자신한테 얻어내는 기회를 말합니다. 만약에 한 학생이 학교의 도서관에서 책을 읽는다고 하면, 호기심으로 읽었던 빵 관련 책 덕분에 제빵사가 될 수도 있고, 빵 가게를 운영하는 사장님이나, 새로운 빵의 탄생을 연구하는 연구가가 되어서 빵도 창조해 보고 책도 만들어서 레시피를 공유하는 경험도 하는 사람이 될 수 있는 순간에도, 이렇게 많은 기회들이 둥둥 떠다닙니다.

다만, 그 순간에 이 책을 읽는 학생이 빵에 대한 흥미와 용기와 열정이 자리 잡게 되면 확실하겠지만, 단지 관심을 하나만 두더라도 이렇게 기회라는 열쇠는 다양해집니다. 지금까지 소개해 드린 글은 작은 한순간이라도 생각의 시간을 갖는 것입니다. 독자가 생각하기엔 어떠한가요? 세상은 무척 복잡하고 어려울까요?

저자가 전해주고 싶은 말은 그 뒤엉킨 복잡한 실타래를 풀기가 어려운 것과 같은 세상에서 당신은 충분히 잘 버티고 이겨내고 있다는 사실입니다. 그럼에도 하나의 희망의 줄을 놓치지 않고, 이렇게 인생에 대한 책도 찾아서 읽는 것 아니겠습니까?

이조차 독자에게 주어진 또 하나의 황금 기회라는 것을 기억해야 합니다. 지금 이 순간에도 누군가는 마음을 새롭게 먹고 목표한 곳까지 열심히 달려가는데, 본인은 뭔가 정체되어 있고, 뒤처지는 것 같을까요?

아니요, 당신이 A코스를 달릴 때 다른 타인은 A코스를 쉬고, 당신이 B코스에서 쉴 때, 다른 타인이 A코스를 뛰는 것으로 단지 시기와 때가 다를 뿐입니다. 다급할 것도 초조할 것도 없다는 의미입니다. 무언가를 해야겠는데 어떤 걸 해야 할지 막막하다는 것은 생산적인 행동을 하겠다는 의지가 있지만 아직 열정이 솟아나는 단계가 아니라는 것입니다. 이 내용은 본인이 B코스를 쉬는데, 다른 타인은 A코스를 달리는 것처럼, 나는 그동안 열심히 달려왔는데 이제는 힘이 나지도 않고 무언가를 해야 할지 모르겠고, 단지 쉬고 싶다는 것은 그만큼 A코스를 잘 달려왔다는 의미입니다. 그중에서도 이제 A코스를 달리는 사람을 보면서 부러워하거나 초조해야 할 이유는 너무나도 헛웃음이 나오는 일인지요.

지금의 당신은 그동안 열심히 달려온 만큼 B코스에서 충분한 몸과 마음의 휴식을 얻고, 다음 코스를 달릴 준비를 하시면 됩니다. 다른 타인과 같이 코스를 달린다면, 이만큼 우애 좋고 흐뭇한 광경은 조금 더 이러한 단계가 익숙해진 다음에 해도 늦지 않습니다. 세상에 경쟁이라는 단어가 아주 흔하게 불립니다. 경쟁을 좋아하는 사람도 있지만, 부담을 느껴서 싫어 하거나 피하는 사람도 많습니다. 하지만 이 세상에서 사는 동안에는 경쟁을 할 수밖에 없는 구조입니다. 세상 구조가 그런 것처럼, 사회도 자연스럽게 경쟁 구조로 가는 것은 이치입니다. 그러나 경쟁이라는 친구가 단독으로 존재하는 것도 아닙니다. 화합이라는 친구가 있습니다. 이와 같이 서로 경쟁을 하는 관계라고 할지라도 중요한 순간에는 누구보다도 의견이 잘 맞는 비즈니스 관계가 될 수도 있는 것처럼, 자연스럽고 균형 있게 흘러가는 세상 시스템입니다. 생각보다 복잡해 보이면서도 의외로 단순하지 않을까요? 참, 이것이 모순이라고도 하는데, 저자는 이것을 이치라고 부릅니다.

사람이 태어나서 죽을 때까지 늘 행복하고 재미있고 고통 없고 슬픔이 없으면 배우면서 성장해 가야 하는 이 넓은 세상에서 무슨 재미로 살까 생각해 보셨나요? 또한, 너무 고통스럽고 슬픔만 가득하고, 고난의 연속이라면 지구에 사람은 몇이나 남아있을까요? 그래도 저마다 즐거운 활동 하나씩은 가지고 있으면서도, 자신이 힘들 때마다 찾는 도피처도 만들어놨으니 그 순간에 즐기거나, 쉼을 얻는 것 아닐까요? 한순간에 고통을 버티는 것은 미치는 정도로 괴롭고 힘들지만, 또 지나고 보면 무뎌진 본인의 모습을 보면 느낌이 다를 것입니다. 그만큼 미치도록 힘들고 괴로운 한 순간에도 어쨌거나 버티고 살아왔더니 이렇게 또 한 발자국 성장한 본인의 모습을 스스로 발견하고 감탄을 하는 것….

기회란, 본인을 성장하고 조금 더 나은 모습과 삶으로 이끌어 주는 열쇠입니다.

o   기회를 잡아라

*길은 열린다

* 열쇠에는 늘 필연처럼 짝지어 오는 존재가 있는데, 이것은 자물쇠라는 친구입니다. 자물쇠는 그에 걸맞는 열쇠가 있어야 열립니다. 또는 자신에게 맞는 암호가 있어야 그제야 문을 열어줍니다. 이와 같이 자신의 길 또한 마찬가지입니다. 여러 종류의 길과 오르막 또는 내리막, 꼬부랑 길과 각진 길 등 모양도 다양합니다. 하나의 구간을 넘어서 다음 구간을 넘어갈 때에 문이 존재합니다. 이 문은 자신에게 맞는 열쇠와 암호가 아니면 열리지 않습니다. 그렇다 보니 이 자물쇠와 맞는 열쇠와 암호를 찾아내지 못하면 다음 구간으로 넘어가지 못하고, 그 자리에서 맴돌게 됩니다. 어쩌면 처량하면서도 쓸쓸한 순간일 수도 있는데요. 그렇지만 기회가 찾아왔습니다. 이 문을 열 수 있는 자물쇠의 열쇠를 찾는 것입니다. 만약에 찾지 못한다면 이 자물쇠에 맞는 암호를 알아보는 기회를 얻어낸 것입니다.

다음 구간으로 가는 문이니까 아무래도 본인이 처한 환경에서 열쇠와 암호가 존재할 확률이 높다는 것입니다. 이것을 현실 상황으로 끌고 와서 설명해 본다면, 이제 막 결혼을 준비하는 한 예비 신혼부부가 있습니다. 이 커플은 서로를 너무나도 사랑한 나머지 평생을 함께하겠다는 약속을 합니다. 그리고 이 약속을 모두가 있는 곳에서 공식 선서를 하기로 다짐하는데, 막상 결혼이라는 구간으로 가는 문을 열라니까 현실에 있는 문제가 하나씩 보이기 시작합니다. 이러한 부분이 해결되는 열쇠가 다음 구간으로 가는 자물쇠가 풀릴 텐데, 막상 현실이 다가와 보니까 막막하고 어디서부터 손을 대야 할지 모르겠다는 상황까지 펼쳐집니다.

이 커플에는 한가지 문제가 있었는데 이것은 경제적인 것이었습니다. 결혼식을 하기 위한 비용과, 결혼해서 같이 살 집과 생활용품 등 어디부터 손을 대야 하는 것인지 모르겠고 막막 하지만, 서로 포기하지 않고 힘을 합쳐서 정보를 알아보기 시작합니다. 결혼식을 하고 신혼여행까지 다녀오는 필요한 과정과 비용 등은 무엇이 있는지 알아보고 생활용품 또한, 혼수 준비도 꼼꼼하게 알아봅니다. 그동안에 모아온 자금이 많지 않았던 커플은 고민에 빠집니다. 생각보다 들어가는 액수가 큰 것과 동시에 너무나도 필요한 것이 많았습니다. 아무래도 둘이서 같이 새롭게 시작하는 다음 구간이다 보니 이것저것 보다가 필요한 것이 하나둘 늘어가는 것이었습니다. 그러나 이 커플은 서로를 너무 사랑하는 나머지 같이 다짐을 하게되고, 선택의 순간이 찾아왔습니다.

1. 적게 시작을 해서 점차 확장해 가는 것
2. 조금 더 시간을 두고 자본을 모은 뒤 결혼식을 올리는 것

○ 길은 열린다

두 가지 갈림길에서 선택을 하게 되는데, 첫 번째로 적게 시작 을 해서 점차 확장해 가는 것을 선택을 하게 되었습니다. 이 또한, 좋은 방법입니다. 서로 간의 성실함과 믿음이 끊이지만 않고 본인의 일을 충실히 해 나간다면 확장해 가는 것은 어려운 것이 아니니까요. 그리고 이 커플은 실제로 꼭 필요할 것만 같은 결혼의 혼수만 준비하면서 다른 것은 점차 구비하는 것으로 결정을 하였고, 마음이 한결 가벼워졌습니다. 이제 같이 화합을 한 가운데 다음 구간으로 갈 준비가 되었다는 것.이렇게 간추려서 한 커플의 예시로 봤을 때 만약에 저 두 가지 선택에서 서로의 의견이 충돌하여 경쟁을 하였다면 어떠했을까요? 경쟁만 했다면 사랑은 둘째치고 아무래도 결혼에 있어서 한 번 더 생각이 필요한 순간이 오지 않았을까요?

이와 같이 선택이란, 우선 이익이 되는 것을 의미합니다. 자신에게 이익이 되지 않는다면 그 선택은 무의미한 것과 동일합니다. 올바르지 못한 선택을 하게 되는 것은 해가 되는 것으로 표현할 수 있습니다. 여기서 본인에게 이익이 된다는 것은 현실에서 점차 성장하고 자신의 영역을 확장해 가는 것을 의미합니다. 그리고 여기서 화합이란, 자신의 성장과 확장의 가치를 타인과 함께 나누며 더욱더 발전해 나가는 것을 뜻합니다. 이렇게 한 사람으로만 말한다면, 경쟁이라는 단어가 가깝지만, 둘 이상이 되는 사람을 말할 때는 화합이 자연스럽고 마음이 편안한 느낌을 받습니다.

다른 타인과 함께한다는 것은 행복한 일입니다. 사람은 자체가 외로움을 잘 타는 것이 맞기 때문에 이것을 커버해 줄 자신의 성장과 다른 타인과 화합하여 더불어 살아가는 세상이 아름답고 즐겁지 않겠습니까?

현실로 어려운 일은 없습니다. 어렵다는 말이 대중적으로 많이 쏟아져 나온다고 유행같이 따라 갈 이유도, 단지 힘이 무력하여 어렵다고 말하는 것도 기회를 늦추는 것과 같습니다. 쉼이 필요하다면 쉬어야 합니다.

그렇지만 기회가 찾아온다면, 반드시 잡아서 기회와 동시에 더 나은 삶의 쉼을 얻는 독자가 되시길 바랍니다.

°Chapter 3.

용기

*시작은 중간이다

* 어느 일을 시도해보겠다는 것은 용기와 희망이라고 한다면, 그 처음 시도하는 것이 어쩌면 가장 막막하기도 하고 어려운 일이라고 보여집니다. 살면서 쉬운 일은 하나 없다고는 하지만, 아무리 어려운 일이라도 살기 위해서는 맞서야 하는 순간이 자주 찾아옵니다. 예를 들면, 원하는 진로를 갖기 위해서 그 분야를 배울 수 있는 대학교를 선택하는 것과 그리고 그 분야의 취직을 해서 계속 전문성을 키울 수 있느냐 등 시작을 해야 하는 것은 '취업 준비'입니다. 젊은 청년들이 대부분 고충을 겪는 것이 취업 준비인데, 시대가 급변하는 시기에서는 더욱이 전망을 보면서 직업을 선택하는 경우가 많아졌습니다.

단순하게 생계를 위해서 일을 한다, 마침 일자리가 나와서 일을 한다. 빚을 갚기 위해서는 무슨 일이라도 해야 하는 것과 같은 이유도 있지만, 대부분은 인생의 성공을 하고 싶어합니다. 멋진 집을 사서 집 걱정 없고, 근사한 차를 타면서 사랑하는 배우자 그리고 자녀와 평생 행복하게 사는 것을 막연한 상상과 같이 여기는 경우도 많아졌습니다. 현재가 먹고 살기 막막하고 앞길이 어두우니까 지금 당장 자신이 먹고 살만한 정도와 노후에도 경제적으로 걱정 없이 살 걱정에서도 사로 잡혀 있는 것이 현실입니다. 노후를 준비한다는 것은 필요하고, 중요한 부분은 맞습니다. 그렇지만 걱정에 앞서 그 일을 현재 시점에 맞추어 당장에 노후를 겪는데 굶어 죽는 것처럼 사로잡히는 일은 안타까운 일입니다. 그리고 이와 다르게 노후에는 별로 관심은 없지만, 현재에 충실하자. 바로 지금 잘 먹고 잘살자는 마인드도 존재합니다. 어떠한 마음가짐이든 본인에게 가장 적절하다고 판단되어서 정해진 미래 계획일 수도 있습니다. 그렇지만 개선되어야 할 부분은 어느 연령층 구분 없이 본인이 하고 싶은 일을 용기를 내서 시도를 하는 경우도 많은데, 진정으로 무엇을 위해서 하냐는 부분입니다.

지구에는 수도 없이 많은 사람들이 살면서 가난하고 궁핍하게 살아가는 사람은 흔합니다. 단지 그 처지에서 벗어나기 위한 목적이라면 1차원적인 영양가 부족한 설정입니다. 직업관에는 여러 직업이 있습니다. 아무 차별 없이 어느 분야에서도 자신의 업적을 이루어낸다면, 돈이 무엇입니까, 평생 경제적 걱정할 필요성을 못 느끼는 것에 흡족할 것입니다.

그러나, 막상 현실은 대중적으로 잘 보이고 전망이 좋고 연봉이 높은 직업으로 선택해서 가는 경우가 허다한데, 진정한 용기란 자신이 하고 싶은 일을 발전시켜서 그 분야에서 지배력을 갖는 것입니다. 한번 정착된 집을 제거하기는 많이 번거로운 일입니다. 이미 자신의 터를 지은 곳에는 존경이 따를 뿐이고요. 생활에 치이고 자신 하나 먹고 사는 것도 버거운 것은 누구나 마찬가지입니다. 그렇지만 그런 틀을 벗어내는 것이 저자가 말하는 용기입니다. 누구나 쉽게 빠질 수 있고 머물기 좋은 '어차피 다 힘들고 모두 버거운데 나만 잘살자'는 둥지에서 벗어나 조금 더 넓은 시야에서 새롭고 좋은 에너지를 받는 사람은 분명하게 차이가 크다는 사실입니다. 저자의 시선은 이와 같습니다. 모든 사람들이 자신의 위치에서 각자 가장 좋을 것 같은 방식으로 살아가지만 진정으로 만족하는 사람은 너무 드뭅니다. 모두가 바라는 현실이지만 그냥 살아간다는 의미입니다. 마냥 지금의 나만 잘살면 되고 자신 하나 챙기는 것도 버겁다는 이유로 비롯되었는데, 안타까운 사실입니다.

모든 사람은 자신의 재능을 타고나면서 살아생전에 그 재능을 찾아내고 키워내는 삶을 살게 되는데, 도무지 지치고 쳐지는 자신이 힘을 낼 에너지가 생기지 않아서 주저앉는 경우가 많은 건 개선되어야 합니다. 그 어느 누구를 위해서가 아니라 본인을 위해서 말입니다.

자신의 성장과 새로운 열정이 사회의 중요한 역할을 합니다. 자기계발을 하시는 분들도 자신의 몸을 가꾸거나, 더욱더 신선하고 새로운 지식을 쌓거나, 여러 맛집을 탐방하면서 좋은 음식도 먹고 추억도 쌓고 새로운 도전을 위해서 취미 생활을 찾아서 배우고, 실제로 실력이 인정되면 판매까지 가는 경우도 찾아볼 수 있는데, 멋있는 일입니다. 자신에게 그만큼 투자를 한다는 것은 소중한 일입니다.

그렇지만 마음은 어떠한가요? 일을 이뤄낸 성취감도 좋고 새로운 도전을 한다는 것에 설렘과 주변으로부터 인정을 받는 것 덕분에 자신감도 생기고 그러나, 공허함은 감출 수 있는 분은 더욱이 없었습니다. 마음이 허하고 외롭고 쓸쓸한 것은 막상 해결하지 못해서 허덕이는 경우에는 응원이 필요해 보입니다. 그마저도 버텨내고 자신에게 투자를 한다는 것은 그만큼 성장을 했다는 것과 의지를 증명하는 것이니까요.

외로움을 버텨내고, 고독함을 즐기는 것은 타고났거나, 그만큼 많은 경험으로 통한 훈련이 잘되어서 높은 경지의 마음 상태라고 합니다. 또 무엇이든 두려움보다는 즐거움이 앞서는 상태를 의미합니다. 무서운 마음이 들 수는 있지만, 대수롭지 않게 더욱 긍정적인 영향으로 전환시키는 힘을 말하기도합니다.

다른 것도 아니고 외로운 마음을 달래고 다스리는 일은 고난이도 행위입니다. 그만큼 잘 이겨내는 사람도 얼마 없지만, 마음을 먹고 방법을 배운다면 누구라도 할 수 있는 비법이기도 합니다. 예시로 말하면 미치도록 외로운 상황에 처해져 있는데, 미친 듯이 춤을 춰 본다거나 글을 쓰면서 자신의 마음 상태를 알아보는 것, 바느질이나 자수를 놓으면서 마음을 추스리거나, 간단한 산책을 하면서 심신의 안정을 취하는 것, 자신이 좋아하고 잘 맞는 운동을 찾아서 열심히 건강과 목표를 위해서 운동을 한다는 것 등과 같이 굳이 술과 담배, 유흥과 같은 수단이 아니더라도 건전한 경우는 많습니다.

방법을 배우면 됩니다. 찾는 사람에게는 반드시 결과가 찾아오는 것을 잊지 마세요. 자신을 해치는 방법은 무엇보다도 해롭습니다. 이미 무엇을 하고자 결정을 한 것은 절반을 왔다는 걸 증명하고, 결과를 위한 노력이 크기를 가져다줄것입니다.

어느 거창한 것을 하는 것은 주어진 사람이 하면 되는 것이고 진정으로 본인이 원하는 것을 찾아서 자신에게 해롭지 않다는 전제하에 진행하는 것은 이미 절반을 왔다는 것과 그것이 당신에게 또 다른 새로운 환경을 제공해주는 것과 같이 좋은 결과물이 걸맞은 크기로 찾아올 것입니다.

o 시작은 중간이다

˚ 용기의 결과는 보상

　　˚ 보상을 싫어하는 사람이 있을까요? 보상을 원하면 원했지 거절하는 경우는 특별한 이유가 아닌 이상 없습니다. 어쨌거나 사람은 보상이 있어야 움직이고, 목표 달성이 수월합니다. 건강한 몸을 위해 다이어트를 결심한 한 청년이 건강식을 찾아서 먹는다는 것은 용기입니다.

　그리고 그 용기를 통한 결과는 한층 건강해진 장기들과 가벼워진 몸이라는 것입니다. 또, 어느 시골에 농사를 짓는 중년이 있습니다. 이분은 평생을 보리만 농사지으셨는데 새롭게 다른 곡식 농사를 하고 싶은 마음에 배추 농사를 시작하는 걸로 마음을 먹고 용기를 내서 배추 심는 방법과 필요한 재료와 농사 관리하는 것과 수확하는 것과 유통 방법까지 알아내는 것은 자녀의 인터넷 탐색 실력과 주변 지인들을 통해서 쉽게 얻어 낼 수 있었고 배추 농사를 시작한 동시에 관리하는 것에는 시간이 걸렸지만, 보리와 동시에 배추를 통해서 수익이 생기고, 매번 맛있는 김치를 해 먹고, 주변 고마운 지인들에게 나눠주는 따뜻한 보상으로 흡족해하는 모습입니다.

소소한 생활 속에서 사람의 마음을 풍족하게 만들어주는 요소는 넘치게 많습니다. 자신이 원하는 것이 무엇인지 분명하게 찾아내서 실행한다면 본인의 하나의 업적은 늘어나고, 인생의 즐거움이란 평상시에 느끼는 자연스러운 현상 아닐까요? 진정한 인생의 역전이란, 자신의 인생 연대기를 경영해 가는 것으로 인한, 살면서 필요한 것들을 보상받는 것입니다.

처음부터 크고 관대한 것은 내려놓고, 작은 것부터 성취해 나가는 인생은 흥미진진 그 자체입니다. 하나의 예시로 동네를 구경하시던 할아버지께서 도착지를 가는 도중에 길에서 쓰러지시고 맙니다. 이 광경을 발견한 한 청년이 얼른 긴급전화를 한 덕분에 구급차가 도착을 해서 할아버지를 운송해갑니다. 병원에서 할아버지의 진단은 급성 폐암으로 나왔고, 병원까지 같이 따라온 청년은 우연치 않게 보호자가 되어 진단을 전달받게 되는데, 급성 폐암이라는 단어가 할아버지를 외면하지 못하게 만듭니다. 병원에서 조사해 본 결과, 할아버지의 가족은 그 동네에서 멀리 떨어져 있고, 시간이 걸리는 거리에서 살고 있었는데, 할아버지는 잠시 여행을 온 것이었습니다. 가족이 오는 시간까지는 이 청년이 같이 할아버지를 보살펴 주기로 마음을 먹습니다. 본인이 해야 할 일도 있고, 피로한 몸도 한몫을 했지만, 한 생명이 걸려 있는 일인만큼 용기를 내서 요양을 해 드립니다. 조용한 중환자실에서 의식 없는 할아버지 옆에 앉아서 얼른 할아버지께서 의식을 찾고 일어나시길 기다리는 중에 할아버지의 가족들이 도착합니다. 친딸은 눈물이 가득한 얼굴로 할아버지의 상태를 살피고, 사위는 부인을 진정시키고 병원에서 보호자로 진단결과를 듣게 되면서 마침 그때 할아버지를 도와줬던 청년이 생각이 납니다.

이 고마움을 어떻게 보답해야 할지 고민을 하면서 물어보는데, 청년은 당연히 해야 할 일을 했을 뿐이라며 괜찮다고 합니다. 그렇지만 이 부부는 포기할 수 없습니다. 자신의 아버지의 생명을 구해준 청년이 고마웠던 친딸은 이 청년에게 집이 어디냐고 물어봅니다. 청년이 대답하기를 "이 병원 근처에 여러 빌라 단지가 있는데 거기 한 곳에서 아버지와 둘이서 삽니다."라고 대답하자, 할아버지의 친딸은 젊고 아직 어린 것 같은 청년이 하루 종일 할아버지를 보살폈다는 것에 직장생활은 하냐고 물어봅니다. 청년은 아직 취업 준비를 하고 있다고 대답을 하게 되는데, 그때 마침 친딸은 자신 회사에 입사를 해 주지 않겠냐는 제안을 하게 됩니다. 그런데 청년은 어리둥절합니다.

사실 이 청년은 어떠한 꿈을 가져야 할지 방황을 하던 시기였습니다. 그런데 이 친딸은 규모 넓은 반도체 회사 사장님의 딸이고, 그 회사를 할아버지의 사위가 대신 이어받아서 운영을 하고 있었습니다. 마침 인사팀에서 인재 채용이 있던 나머지, 구인을 하고 있었는데 이런 자신의 아버지를 구해 준 은인에게 좋은 자리를 소개를 하는 것이 좋다고 생각이 든 것입니다. 청년은 들어만 봤지 반도체라는 기술을 해 본 적도 없고, 접해 본 적도 없을뿐더러 오히려 그런 일을 하려면 배우는 것이 먼저가 아니겠냐는 말에 친딸은 괜찮다, 인사팀은 자신이 직접 관리를 하고 있고, 이 회사와 걸맞은 사람을 고용하고, 직원들의 회사 생활을 관리해 주는 역할로, 다른 건 세세히배우면서 하면 되겠다며 마치 면접 현장과 같이 된 것입니다.

그런데 이게 무슨 일인가, 회사 자체가 기숙사도 같이 운영하고 있는데 아버지와 단둘이 사는 중이라면 두 사람이 살 수 있는 집을 따로 마련

해 주기까지 한다며 청년의 마음을 움직이게 합니다. 청년은 이 제안을 더 이상 거절할 이유가 없습니다. 생계를 책임져 줄 직장과, 아버지와 같이 머물 수 있는 집까지 해결이 된다면 이미 결정이 났습니다. 그렇게 청년은 반도체회사에 입사를 하고, 오랜 시간이 지나 인사팀의 팀장 자리에 앉으며, 자신의 아버지뿐만 아니라 사랑하는 사람을 만나서 결혼을 하고 안락하게 지낼 수 있는 집을 마련하여 자신 인생의 또 하나의 업적을 이뤄냅니다. 단지 길을 가면서 쓰러지는 할아버지를 도와줬을 뿐인데, 그 용기가 이렇게 한 업적까지 이뤄내는 열쇠를 마련해 준 것입니다.

이 이야기로만 본다면, 드라마에 나올 법하면서도 살면서 흔하게 있는 광경은 아닙니다. 그렇지만 이것은 예시일 뿐 이와 비슷한 기적은 살면서 많이 일어나고 발견할 수 있습니다. 조금만 더 관심을 갖고 기울여 본다면, 길은 많습니다. 단 하나의 용기가 인생의 한 장면을 좋은 방향으로 결정지어 줄 수 있는 보상으로 찾아온다는 사실입니다. 지금 좋은 환경이든, 난처한 환경이든, 복잡하고 답답하면서 괴로운 환경에 처한 사람이라도 한 걸음 더 앞으로 나아갈 기회는 독자 앞에 놓여 있습니다. 이제 그것을 선택하여 잡고 이뤄낼 용기를 내 보는 것입니다. 그리고 작은 것이라도 시도를 했다는 용기에 대한 넉넉한 보상이 당신을 기다리며 환영할 것입니다.

누구나 갖지 않는 영역

저마다 쉽게 시작을 할 수는 있지만, 쉽게 얻어낼 수 없는 영역을 알고 계시나요? 흔하게 알려져 있는 성공이라는 단어와 관련이 있습니다. 또한, 이러한 성공보다는 지금 당장에 돈 걱정 없이 먹고 사는 문제에도 생각보다 많은 사람들이 누리는 것이 아닙니다. 여기서 돈 걱정을 하지 않는 것이란? 풍요를 의미합니다. 어느 정도 지출에도 고민 없이 활용성만 고려해서 투자를 한다는 것을 말합니다. 워낙 경제가 하나를 적응하려고 하면 또 하나가 개발이 되는 시대이니까 더욱더 혼란이 생기는 건 자연스러운 현상입니다. 옛날 저희 부모님 세대에서 흔히 쓰던 방식을 지금 써 보라고 하면 사용은 가능하지만 인터넷이 가능한 시대에 무언가 매치가 안 되는 부분도 분명히 존재합니다.

예를 들면 병원에서 환자 등록을 하는데, 직접 지필로 하는 병원은 요즘 보기 어렵습니다. 찾을 수가 없는 지경입니다. 그만큼 시대가 변했고, 발전을 하면서 인터넷이 주 역할을 하게 되니까 사람들의 편리성은 늘어갑니다. 그러나 확실히 전 세대보다는 생활하는 데 있어서는 편리해졌는데, 삶의 만족도가 높은 사람이 드문 경우는 무엇일까요? 생활에 불편함을 덜고, 조금 더 시간 단축과 활용성 높은 제품 하나를 만들어서 세상 밖으로 출시한다고 해도 그 제품 하나로 편리는 하더라도 진정한 삶의 만족을 줄 수 없다는 부분입니다. 엄연히 다른 영역이니까요. 편리함과 삶의 만족은 구분할 필요가 있습니다. 단지 편리하다는 것은 자신의 사용에 있어서 불편한 부분을 개선하는 것을 말하지만, 삶의 만족이란 어느 부족함 없이 풍요로운 상태를 뜻합니다. 전자의 경우 편리한 삶을 사는 사람은 무척 많지만, 막상 삶의 만족 즉, 부족함 없이 풍요(여유) 있게 사는 사람은 많지 않다는 것과 이것이 누구나 갖지 않는 영역입니다.

이 책을 읽는 독자도 조금 더 나은 삶을 바라는 마음에 한 페이지씩 넘기는 것이 아닙니까? 그렇다면 무엇보다도 경제적인 자본(돈)에 굶주리는 것이 아닌, 자신에게 굶주려 보는 것입니다. 사람이 무엇에 굶주리게 되면 본능적으로 갈망하게 되어 있습니다. 본인의 재능을 찾고, 개발해 나가는 모습에는 돈은 자연스럽게 찾아옵니다. 다른 표현으로는 자신의 길을 찾아서 가는 사람에게는 돈이라는 보상은 자연스럽게 붙게 되어 있다는 것입니다. 대부분의 성공한 사람들은 자신의 뚜렷한 목표의식이 있습니다. 분명하게 자신의 길에서 목표 지점이 있다는 것입니다. 그것이 자기계발이든, 회사의 발전이든 어느 목적이라도 반드시 투자를 하는 것은 자신의 성장입니다.

진정한 행복은 돈에 있다는 것이 아닌 것을 잘 압니다. 돈은 단지 나의 행복을 찾고 누리기 위해서 도움을 줄 수 있는 수단일 뿐, 이것에 집착하는 것이 아니라 자신의 분야에서 한 단계 성장하는 것 예를 들면, 한 학생이 자신의 꿈을 위해서 관련된 공부를 열심히 하는 것과 어느 직장인이 자신의 부서에서 담당 업무를 하면서 새로운 사업 추진을 위한 아직 세상에 없는 창조적 기획을 하는 것과 작은 식당을 하는 자영업자가 새로운 메뉴를 연구하고 출시함으로 인해서 많은 사람들의 입맛에 오르면서 번창을 하는 것처럼 자신의 위치에서 늘 사람들이 가던 그대로, 늘 하던 대로가 아닌 새롭게 추진해 보는 것을 해본다면, 자연스럽게 돈이라는 친구는 그 사람에게 붙게 되어있습니다. 막연히 늘 똑같은 방식으로 일을 하면서 지루해 하는 사람보다는 새로운 일에 도전을 하면서 창조의식을 갖고있는 사람에게 더 흥미를 느끼는 것은 사실입니다. 하지만, 지금 당장에 무엇부터 시작을 해야 할지 모르는 의문과 당장에 여유가 부족해서 시작하기 버거우실까요? 그것이 기회입니다. 그럼에도 움직이는 사람에게는 하늘은 기회를 주는 것입니다. 어려운 환경 속에서도 새로운 희망을 찾아가는 사람에게는 꿈을 이룰 수 있는 열쇠가 주어집니다. 이제 그 자물쇠를 찾는 일입니다. 무엇을 하냐는 것이죠.

아무리 작은 일이라도 집안의 청소라던가 꾸미기, 회사에서 본인 자리를 정리정돈 하면서 생각을 정리해 보는 것도 방법입니다. 그러면서도 내가 무엇을 하고 싶은가에 정답을 찾게됩니다. 그동안 잠재되었던 자신의 꿈을 무의식이 알려주는 것입니다. 드디어 이 꿈을 찾게 되냐는 듯이 반겨주는 자신을 발견할 수 있습니다. 저자는 워낙에 사람마다 주어진 환경이 다르고 미래로 향하는 길도 다양하다 보니까 내용들을 일일이 구구절절 쓰는 것보다는 흐름을 표현하는 것을 선택하였고, 이 책을 통해서 독자가 새로운 의지와 열정으로 가지고 자신의 꿈을 찾는 독자가 되시길 바라는 마음입니다.

아무나 이렇게 행동하지 않습니다. 그러니 누구라도 쉽게 가질 수 없는 영역입니다. 자신의 꿈을 찾아 나선다는 일은 아름다운 일입니다. 본인의 인생에 더 나은 한 획을 갖고 새 출발을 한다는 것을 말하면서도 한 층 더 성장한 발판에서 인생의 재미를 즐기면서 사는 삶을 바란다는 것이 니까요. 저자는 이러한 삶을 확신하고 자부하는 마음으로 소개드립니다.

°Chapter 4.

*믿는 것의 종류

*어떠한 사람이나 사물을 보고 변화의 가능성을 확신하는 것을 믿는 것이라고 합니다. 가장 어렵다고 하는 영역도 무언가를 믿는 것이라고 주장이 나옵니다. 보이지 않는 형태이다 보니까 이해가 됩니다. 보이는 하나의 물건도 앞으로 계속 내가 가지고 살지는 불분명하기 때문에 사람은 저절로 망각이 되어 있는 듯 없는 듯 지내게 됩니다. 이 책의 저자는 자신의 성장 가능성을 확신하고 살아갑니다. 어느 상황에 있을 때 정신과 몸의 감각이 흐릿해지더라도, 본인이 해낼 수 있다는 것을 자부합니다. 물론, 실수하거나 실패를 할지라도 하나의 추억으로 만든 것처럼 감사하게 됩니다. 그 작은 고통이 저에게 큰 기회를 준 것이라고 여기면서입니다. 저자의 이러한 행동이 나오는 원천에서는 '성장 가능성'이 존재합니다.

제 스스로 자기 확신이 없다면, 성장은커녕 한순간에 실수 하나를 하더라도 자책하거나 화살을 저와 타인에게 돌리기 바쁘기 쉬운 연약한 인간일 뿐입니다. 그렇지만, 제 자아가 점점 더 견고하고 장성하면서 울퉁불퉁하고 험난한 언덕이라도 할 수 있다는 마인드가 한 걸음 더 뛰어

넘도록 원동력이됩니다. 사람이 자체 습성이 고통에는 취약한 것이 베이스라서 그것을 살면서 잘 다져가고 단단하게 만드는 것이 인생 숙제입니다. 여러 자기계발 관련된 도서나 기획에도 핵심은 강한 정신력을 가리킵니다. 네 맞습니다. 자신의 가능성을 믿는 것과 이로 인한 타인을 믿는 행위는 정신력과 큰 연관이 있습니다. 정신력이 약할수록 자신조차 돌볼 여력이 없어서 방황하기 쉽습니다. 그래서 다른 타인에게 휩싸이거나, 자책이 반복됩니다. 이러면 같은 자리에서 맴도는 것과 똑같으니 안타까운 현실입니다. 그렇지만, 이 순간을 물렁하고 자연스럽게 넘길 수 있는 사람이 강한 정신력의 소유자입니다.

처음부터 강한 정신력을 가지는 사람은 한 사람도 없지만, 무엇보다 성향에도 많은 영향을 받는 건 사실입니다. 자체 태어날 때부터 이성적이거나, 냉철한 성격의 소유자라면 감성적인 사람보다는 감정의 주체가 되기는 유리합니다.

그렇지만, 본인과 타인의 감정을 캐치하기에는 다소 어려움을 느낄 수 있는 성향이기도 합니다. 반대로 감성적인 사람이라면 어떨까요? 자신과 타인을 이해하는 것에서 유리합니다. 그러나 객관적이기보다 주관적인 성향이 더욱 크게 발휘되기 때문에 감정에 치우치기 쉬운 성향이기도 합니다. 이성적인 것과 감성적인 성향의 모두 양극의 특징이 있지만, 이 두 성향 이 같이 공존해야만 사회가 조화롭게 성장해 갑니다. 세상에 전부 이성적인 사람들이라면 이보다 차가운 세상이 있을까요?

그리고 세상에 전부 감성적인 사람들이라면 뜨거워서 그 환경 조차 애틋한 눈물바다일 것 같습니다. 상상만으로도 중간이 없으니까 추위와 더위 중에 한 가지만 준비해도 되겠지만 조화로운 것에는 무언가 부족합니다. 마냥 추운 것과 더운 것보다는 조화롭게 춥다가도 더운 현상이 더욱 조화롭게 흘러가는 것처럼 느껴집니다. 이처럼 사람마다 따뜻한 시기가 있고, 차가운 시기가 있습니다. 다소 따뜻함과 차가움이 격차가 길지 않게 흘러가는 사람이 있는 반면, 차가운 시기가 아주 긴 사람도 존재합니다. 그러나 따뜻한 시기를 길게 가지고 가는 사람의 비법은 무엇일까요? 봄과 같이 그렇게 춥지도 덥지도 않게 안정되게 살아가는 사람도 존재합니다.

이러한 사람은 처음부터 따뜻하기보다는 물 자체는 차갑지 않습니까? 모두가 차가운 상태에서 점점 불(시련)을 겪으면서 데워지는 단계를 거쳐 점차 따뜻해지는 것입니다. 인생의 전반에서 불을 모두 맞아대서 금방 따뜻해지는 사람이 있고, 그동안은 천천히 데워지면서 미지근하게 살던 사람이 후반 인생에서는 불바다가 될 수도 있습니다.

아예 인생 자체가 불바다인 사람도 존재합니다. 그리고 전반에는 뭐 큰 탈 없이 그럭저럭 지내던 사람이 후반에 가서 불을 세게 맞는 경우도 있는데, 전해주고 싶은 말은 모두가 똑같은 길은 아니지만, 각자의 어려움도 다른 것처럼 본인의 인생 또한 아예 차갑고 따뜻한 것이 아닌, 차가울 때는 누구보다도 냉정하고, 따뜻할 때는 누구보다도 다정한 사람이 될 수도 있다는 것입니다. 그러나 믿는 것이란 두 가지로 나뉩니다. 한순간인 믿음과 계속 이어지는 믿음입니다. 한순간의 믿음은 무언가 지식을 습득했을 때 받아들이는 것을 의미하지만, 계속 이어지는 믿음은 어떤 특정 존재가 아닌, 마음에 뿌리 잡는'확신'에서 뜻합니다.

여기서 갈리는 것은 차가운 시기에 살고 있는 한 사람이 한순간의 믿음으로 살아가는 것은 차갑고 큰 빙하 옆에서 장작 세개 정도 두고 불을 피우는 것과 같고, 어느 차가운 시기에 살고 있는 다른 사람이 계속 이어지는 믿음, 즉 '자기 확신'이 있는 삶을 사는 것은 차갑고 큰 빙하 옆에서 장작 스무 개를 가지고 불을 피우는 것과 같습니다. 아예 속도가 다릅니다.불씨가 꺼지는 차이도 큽니다. 그만큼의 지속성을 말하는 것인데, 쉽게는 일회용을 쓸 거냐 재활용을 쓸 거냐는 것입니다. 단순하게 일회용은 한 번만 썼을 때 가치가 있다는 제약이지만 재활용은 한번 쓰고 또다시 사용할 수 있다는 가치가 있습니다. 그만큼 재활용은 계속 다시 재사용을 해서 꾸준히 활용할 수 있지만, 일회용은 다 쓰고 불태우면 그만입니다.

이와 같이 한순간인 믿음은 일회용과 같이 그 순간에 사용하기는 좋지만, 계속 꾸준하게 사용하기에는 그만한 가치가 부족합니다. 그렇지만, 계속 이어지는 믿음은 재활용처럼 한순간에 다 사용하더라도 다시 재사용하면 할수록 가치있는 속성입니다. 이처럼 믿는 것의 종류는 한순간인 믿음, 즉 일회용과 계속 이어지는 믿음, 즉 재활용으로 나뉘는 것을 상기시키고, 자신의 가지고 있는 잠재적인 확신을 발휘시킬 때입니다.

°가능성을 믿는 것이란?

°어느 날 한 가정집에 평화로운 점심 시간이 되었습니다. 그 집에는 세 식구가 살고 있었는데 젊은 부부와 이제 막 돌을 지난 아이가 살고 있었는데, 남편은 출근을 하고 아내는 아이와 밥을 먹기 위해서 준비 중이었습니다. 마침 창밖을 보니까 화창하고 햇빛이 쨍쨍한 것을 보고 오늘 점심은 여러 색깔의 야채가 들어간 야채죽을 아이를 위해 만들고, 본인은 남은 야채를 맛있게 볶아서 야채볶음밥을 해 먹으려고 합니다.

그렇게 다 만들고 아이를 자리에 앉히려는데 역시나 아이같이 땡깡을 부립니다. 아직 말을 할 수 없다 보니까 몸짓이 다소 산만한데, 이것을 보고 엄마는 의문이 듭니다. 어쨌거나 아이에게 밥을 먹여야 하는 걸 어떤 식으로 좋게 밥상으로 데려갈까? 대부분의 엄마들은 아이에게 밥을 먹여야 하니까 땡깡을 피울 때 억지로 데려가거나, 밥그릇을 가져와 몸소 먹여주는 경우가 많습니다. 또한 밥을 아예 굶기면 배고프다고 울 테니까 소리를 내서라도 먹이는 순간이 있습니다. 그러나 이 모든 행동은 아이의 가능성을 성장시키는 데에는 그다지 도움이 되지 않습니다. 중요한 것은 아이가 왜 땡깡을 피우는지와 밥상에 흥미를 느끼는 방법을 조력자인 부모는 배울 필요가 있습니다. 뭐 장난감을 가지고 놀다가 아이 입장에서는 갑작스러운 식사 시간이 될 수도 있습니다. 이제 막 돌이 지난 아이에게는 시간 개념보다는 눈앞에 당장 보이는 재미있는 도구가 먼저니까요.

그리고 기저귀가 불편해서 울 수도 있고, 밥이 먹고 싶지 않아서 울거나, 자고 싶어서 우는 경우도 있습니다. 아이를 키우는 엄마들의 입장에서는 제각각 상황마다 다른 것은 맞습니다. 그렇지만, 자신의 아이가 밥상에 가는 순간 조차 가능성을 믿어보는 것은 어떠한가요? 어머니의 양육은 아이의 인생에 큰 영향을 끼칩니다. 그것이 자신의 행동에 대립시키는 것과 아예 장착을 하고 살아가는 경우가 자연스럽게 일어납니다. 기다려줄 수 있는 부모 품에서 자란 아이는 그만큼 인내심에도 더욱 단련이 되어 있지만, 성격이 급한 부모 품에서 자란 아이는 그만큼 일상에 초조하고 다급함이 공존합니다.

기다려 주는 엄마는 자신이 해낼 때까지 믿고 있다는 것을 아이는 믿음이라는 단어는 몰라도 인지를 합니다. 그래서 더욱 열심히 앞으로 나아가려고 노력을 하지만, 마냥 다그치고 성격 급하게 아이에게 강요를 하는 부모를 바라보는 아이의 시점은 이것을 얼른 해내지 못하면 혼이 날 것 같은 초조함과 빨리 이루고 싶은 다급함이 아이 정성에 안 좋은 영향을 끼칩니다. 세상에서 조급해 봤자 늘어나는 건 후회 또는 지나간 창피한 일에 대한 생각, 당시에는 몰라도 시간이 지났을 때 "아, 그때 그렇게 성급하게 안 했어도 어차피 해결될 거였네?"라는 생각들이 계속 맴돌고 "왜 그랬을까?"라는 후회가 자신을 괴롭히는 경우가 생깁니다.

o 가능성을 믿는 것이란?

그렇지만, 차분하게 기다리면서 그 순간에 대처하는 방법을 키우는 방식은 아이에게 첫 번째로 부모가 훈육할 수 있는 황금 같은 기회입니다.

이제 점심을 먹어야 하는 아이 앞에 앉아서 무작정 데리고 것보다는 아이를 안아서 춤을 춰 보는 것입니다. 앞으로 갔다가 뒤로 갔다가 왼쪽으로 갔다가 다시 뒤로 갔다가 반복하면서 아이에게 미소를 지으며 사랑한다 한마디라도 해 준다면 아이는 차분해집니다. 사람은 사랑을 받으면 차분해지고, 안정이 되지만, 사랑을 받지 못한다면, 험악하고 난폭해지기 쉽습니다. 그만큼 아이에게 어머니의 품은 안정감이 들고 사랑을 받을 수 있다는 의식을 해 주는 동시에 점점 밥상과 가까워지는 것입니다. 그리고 무작정 앉히는 것보다는 동요 같은 아이가 쉽게 이해할 수 있는 노래로 즐거움을 선사해 보세요.

그리고 수저를 들고 먹여 봤는데 잘 먹으면 그만이지만, 막상 해 보니까 아이가 그럼에도 먹질 않아요 하는 경우는 다시 수저를 내려놓고 춤을 춰 보는 것입니다. 될 때까지 하는 것입니다. 이건 부모가 기다려주는 것과 같습니다. 억지로 먹이는 것이 아닌, 아이가 스스로 수저에다가 입을 댈 수 있도록 도와주는 방식입니다. 다소 지치더라도 아이가 건강하게 자랄 수만 있다면, 부모가 못 할 것이 무엇이겠습니까?

그렇게 몇 번 춤을 추다가도 아이는 지겹거나 지칩니다. 그러면 수저를 들고 밥을 먹였을 때 좋은 반응이 나오기 쉽습니다. 밥상에 집중은 못 하더라도 입안에 음식이 들어가는 광경을 아이의 어머니는 보고 기뻐하는 것, 이것이 부모의 마음이 아닐까요? 아직 능숙하진 않지만, 밥상과 한 걸음 더 가까워진 아이의 모습을 보고 이젠 춤을 추면서 밥을 먹이는 모습까지 볼 수 있겠네요. 이렇게 소소한 점심 밥상 이야기를 꺼낸 이유는 작은 노력에서부터 시작되는 가능성입니다.

어느 나이 때라도 늦는 법은 없습니다. 단지 장착되어 있던 그동안의 삶의 방식이 방해를 할 뿐이지만, 그렇다고 그러한 수단이 자신을 이긴다는 것은 비겁합니다. 자존심이 상하기도 합니다. 그래서 지금부터 바로 실천에 옮깁니다. 책 한 권을 하루에 다 못 읽는 사람이라도 시간이 여유가 되는 날 자신이 좋아하거나 필요한 책을 준비해서 여유롭게 읽어 보는 것입니다. 한 50장~ 이상 정도? 굳이 딱 정하지 않는 것은 50장 이상 읽었을 때에 이뤄냈다는 성취감과 자신의 가능성을 믿었다는 것입니다. 스스로가 대견해서 지금 당장 책을 덮더라도 미련은 없습니다. 이 정도만 해도 충분합니다. 이미 해냈는걸요? 이렇게 점차 늘려가면서 자신이 있는 위치에서 투자를 해 보면서 늘려간다면 내가 이만큼 해 내고 참을 수 있는 사람이었나? 의문이나 감탄이 들 수도 있다는 사실인 것과 동시에 자신을 기다려줄 수 있고, 그만큼 훈육할 수 있는 선택의 시작은 본인 자신입니다.

o 가능성을 믿는 것이란?

*시간만 흐르고 지치는 당신에게

*어쩌면 지금 가장 지쳐 있을 본인은 어떠한 심정인가요? 누구보다도 열심히 달려왔고, 최선을 다했고, 뒤처지지 않으려고 얼마나 노력을 했는데 아직도 이 모양이냐는 식으로 스스로 자책을 하고 있을까요?

무엇보다도 열심히 달려오고, 최선을 다하고 뒤처지지 않으려고 노력한 자신에게 대견하고 자랑스럽지 않을까요? 그만큼 힘을 쏟아 낸 것도 한 걸음 더 성장을 위한 용기를 낸 선택이었다는 것에 감탄스러울 뿐입니다. 누구보다도 열심히 달려왔다는 것은 그만큼 학업, 직장생활, 가정생활 등 지치더라도 자신의 일을 내려놓지 않고 자리를 지켜왔다는 것과 최선을 다했다는 것은 그 자리에서 지키는 것뿐만 아니라 본분을 다한 자신과 뒤처지지 않으려는 노력은 그만큼 자신의 가치를 잃지 않겠다는 의지에서 나온 각오가 아니었을까요?

세상에 안 힘든 사람은 없다는데, 그런 말 말고 그 힘든 사중에서도 '나'라는 사람이 힘든 여정을 모두 견뎌왔다는 것에 대단할 뿐입니다. 그저 다른 타인이 아닌, 본인을 말입니다. 학업에 충실한 학생은 어떠합니까, 흥미가 있든 없든 생판 처음 보는 교과서들의 내용들을 익혀야 합니다. 다음 시험을 위한 준비하는 것도 정신과 몸이 한 고생을 합니다.

　직장생활을 하는 직장인은 어떠합니까? 그 위치에서 본인이 맡은 업무를 해내야 한다는 의지와 동시에 정신과 몸이 희생이 됩니다. 가정에 있는 주부라고 할지라도, 집안일, 아이가 있다면 키우는 일과 동시에 미래를 위한 준비가 필요합니다. 이럴 때 소모되는 정신과 몸의 에너지가 얼마나 큰지 쉽게 지치고 낙심되기도 쉽습니다. 예시는 이렇지만, 이러한 상황이 아니고 어느 환경에서라도 본인의 정신과 몸이 희생이 된다는 것은 변함이 없습니다. 희생을 한다는 것은 그 자체를 사랑하지 않는다면 불가능합니다. 그러나 지금 본인의 몸은 사랑하는 자신을 위한 움직임을 아낌없이 베풀어 줍니다. 정신은 또 어떠한가요? 사람의 생각이란 하루 종일 지속이 되면서 뇌의 쉼이란 죽었을 때 일입니다. 한순간도 생각을 멈추지 않고, 다시 그 생각을 회상시켜 줄 수 있도록 뇌 또한, 여러 기관을 통한 에너지를 사용합니다. 그런데 이런 자신의 소중한 일부들에게 자책과 같은 자기학대를 한다면 어떠할까요? 타인에게 가는 폭력은 정당화가 될 수 없는데 자신에게 향한 화살들 또한, 정당할 수가 없습니다. 누구보다도 아껴주고 보살펴줘야 하는 자신에게 따뜻한 위로도 아닌, 화살을 돌리다니요. 검고 어두운 공간에서 철창에 갇힌 제 자신에게 여러 돌을 스스로 던지는 것과 같습니다. 왜 그것밖에 안 되는 거냐, 더 잘할 수는 없었냐, 차라리 그럴 거면 죽어버려라는 식으로 학대적인 폭력을 다른 타인도 아닌 스스로가 주고 있다는 사실을 잊은 채 살아가는 것 잔인하고, 무책임합니다. 자체가 소중합니다. 어느 세상에서도 똑같은 사람 하나 찾아볼 수 없는 귀한 존재입니다.

그런 자신을 더욱 사랑해 주세요. 아프더라도, 쓰리더라도 그 또한 존중해 주세요. 그동안 얼마나 아프고 쓰렸을까….

'나를 욕하는 건 내 스스로였다는 사실에 미안하다….'와 같은 이해하는 마음이 필요합니다. 잊지 마세요.

당신은 언제나 어느 환경과 상황이라도

영원히 당신의 편입니다.

° Chapter 5.

보상

*성공의 다른 친구 실패

• 대부분 사람들은 성공을 선호하고 좋아하지만, 실패는 두려워하고 피하려는 본능이 있습니다. 성공과 실패는 단지 방향이 다른 같은 단계의 서로 친구입니다. 성공으로 향한 꼭 필요한 단계는 실패라는 친구가 뒷받침이 되어 줘야 더욱 안정감 있고 균형 있게 자신의 성공을 이어갈 수 있습니다. 단번에 성공을 하게 되는 경우는 일이 잘 진행이 된다면 상관이 없겠지만 마냥 인생이 수평선만은 아니기 때문에 안 좋은 일이 닥쳐왔을 때 대처하는 방법에서는 미숙할 수도 있습니다. 이 것은 실패라는 친구가 도와주는 영역인데, 실패 친구가 빠지면 마냥 대처하기란 미숙한 것과 동시에 금방 무너질 수도 있습니다. 만약에 자신이 무언가 도전을 하거나 만들었거나 새롭게 시도한 일이 있다면 그 일에 대해서 실패한 경험이 있을까요? 또는 현재 실패를 해서 낙담하고 주저앉았나요? 그 사람에게 주어진 기회인 것을 인지한지도 못한 채 마냥 그대로 방치하고 있다면 다시 끌어다가 개선 방법을 찾고 새롭게 앞으로 나아갈 준비를 할 필요가 있습니다. 또한, 방치하는 것이 아닌, 실패를 하였더라도 포기하지 않고 계속 노력하는 자세는 말이 더 필요 없이

훌륭합니다. 어째서 사람들은 쉽게 성공을 마주하기란 어려울까요? 제대로 인생역전을 하고 싶은데 왜 나에게는 쉽게 기회가 안 오는 것 같을까요? 기회를 가져다주는 방법은 생각보다 주변에서 힌트를 쉽게 찾아볼 수도 있습니다. 마냥 성공이라는 친구를 너무 거대하게만 생각한다면 이것은 큰코다치기 쉽습니다.

성공은 하나의 이루는 것을 의미하고, 일상생활에서도 충분히 이룰수 있는 친구니까요. 만약에 한 토지 건설사를 2년 정도 다니고 있는 직장인이 한 달에 받는 월급은 250 정도 됩니다. 이 사람을 A씨라고 했을때, 직장생활을 하면서 본인의 집을 마련하고 싶은 꿈이 간절합니다. 그러나 한 달에 250을 받는 월급으로는 다 모으고 집을 산다고 하더라도 너무 오래 걸릴 것 같아서 막막하기만 합니다. 그래서 저축을 먼저 찾아봤는데, 본인 또래에 걸맞고 혜택이 좋은 저축 통장을 만들고, 한 달에 250을 받으면 100만 원은 적금을 넣고, 남은 150에서 다달이 나가는 집세, 전기세, 차량유지비 등 내면 50만 원 정도가 남는다고 하면 그 돈으로 이제 한 달간 생활을 하는 것입니다. 그런데 이 돈도 사실상 아끼고 절약하면 넉넉하진 못하더라도 충분한데, 문제는 만족이 없었습니다.

그래서 이 A씨는 다른 투잡을 뛸 수 있는 일을 찾다가 재테크 할 일을 하나 찾게 됩니다. 한 결혼 회사를 대신한 SNS에 글을 써 주고, 건당으로 을 받는 일이었는데, A씨는 고민이 되었습니다. 토지 건설 회사에서 설계도를 만드는 일을 하는데, 글을 쓰면서 누구를 설득하는 일을 하려니까 말이죠. 그러나 어쩌겠습니다. 두 개의 근로계약서를 쓸 수도 없고, 집에서 손쉽게 일할 수 있는 방법은 이게 가장 적절했습니다. 그리고 담당 회사와 합의를 하고 시작을 했는데, 주제는 젊은 청년들에게서 미혼이 늘어나는 이유에 대해서 1500자 이상은 써야 했습니다. 평소에 청년들에게 미혼이 많다는 사실은 알고는 있어도, 막상 관심이 없었던 A씨가 지금까지 설계도를 만들고 계산만 했던 손으로 직접 글을 쓰기 시작했습니다. 도무지 생각나는 단어가 없지만, 끄적끄적 써 봤는데 나온 말이 '아무래도 힘든 경제의 집값은 오르고, 물가가 오르니까 혼자 사는 것조차 버거워서 그런 것이 아닐까 싶다.'라는 말이었습니다. A씨도 집을 장만하고 싶은 마음이 있었기 때문에 이 부분은 아무래도 공감이 되었습니다. 그렇지만, 이러한 내용은 워낙에 사람들이 잘 인지하고 있고, 문제점을 알고 있는 문제라 글을 클릭하고 들어올 일이 생길까 의문도 생깁니다. 그렇지만 제대로 생각나는 게 없고, 그럴 필요성도 못 느끼니까 일단 작성한 글은 업로드를 합니다. 그리고 조회 수와 클릭 수를 봤는데 역시나 10명 미만과 동시에 업로드된 글 리스트에서 스크린은 쭉 내려야 발견할 수 있었습니다. A씨는 예상은 했지만 속상했습니다. 어차피 이 글을 보고 합의한 회사에 연락이 오고 계약이 되어야 건당을 받을 수 있는데 말이죠. 일주일이 지나도 조회 수 30을 넘지 못하고, 리스트에서 상승세를 볼 수가 없으니까 A씨는 실망스럽고, 자신의 실력에 대해서 의심을 하게 됩니다.

마냥 실패를 했다는 좌절감에 당장 먹고 살아야 하는 경제적인 이유로 시작한 일에 이렇게 상실감만 생긴다는 것에 자존심이 상하였습니다. 그리고 다시 시작한 것은 젊은 청년들의 미혼이 일어나는 이유를 조사를 하는 것부터였습니다.

이유는 다양했습니다. 집값과 물가가 오르는 사실도 맞지만 홀로 계시는 부모님을 두고 결혼하기가 망설여지고, 또 그런 부모님을 모실 상대 배우자를 찾기가 어려워서 또는 아직 결혼 생각이 없어서, 젊은 나이에 즐기고 싶어서, 워낙 이혼율이 높은 시대에 살다 보니까 본인도 이혼을 안 할 거라는 보장이 없다는 부족한 자신감, 여러 등등 각자마다 사연이 있었습니다.

그래서 이러한 주제들을 가지고 하나씩 들고 와서 글을 써 보기 시작합니다. 이렇게 결혼에 대해서 망설이게 만드는 사회의 문제점에 대해서 먼저 서론으로 적고, 젊은 청년들이 겪는 어려움에 대해서 자신과 나라의 노력은 무엇인가, 미혼이 늘면서 생기는 문제점은 무엇인가, 예를 들면 저출산으로 인한 인구 부족 국가 등 이렇게 한 나라의 사람이 부족하면 경제 상황을 유지는 할 수 있더라도, 성장하기란 어렵습니다.

그리하여 이런 부분을 적고, 결혼에 대한 장점과 혜택을 적은 대가로 관심을 상기시키고, 결혼 회사에 대한 소개와 정보, 연결이 되는 회사 링크를 동시에 넣고 업로드를 합니다.

자신이 업로드한 SNS는 젊은 청년들이 자주 애용하고 광고나, 누군가의 추천으로 뜨는 글이나 검색해서라도 자신의 얻고 싶은 정보를 얻을 수 있는 곳이었습니다. 그리고 가장 조회가 많이 되고, 클릭 수가 많은 글이 상위 카테고리에 먼저 뜨게 되는 것이 이곳의 특징이었습니다. A씨는 아무래도 처음 실패한 경험이 있다 보니까 초조하고 두려움이 앞섰습니다. 이번에도 성과가 안나 오면 건당이고 뭐고, 그냥 있는 돈으로 절약하면서 사는 수밖에 없다는 것에 만족이 안 되는 걸로 끝나서는 안 된다는 마음 덕분이었습니다. 그리고 하루가 지나서 확인해 보니까 역시나 뭐 딱히 감탄할 정도의 성과는 아니었고, 그래도 일주일은 지켜봐야 하지 않겠냐는 마음으로 참고 기다렸습니다.

◦ 성공의 다른 친구 실패

중간마다 확인하는 것은 희망 고문과 같이 괴로워서 차라리 한번에 확인하고 성과가 좋으면 그만이지만, 안 좋으면 그만두자는 마인드로 이제 대망의 날에 확인을 합니다. 그런데 이게 무슨 일입니까? SNS 글 리스트를 들어갔는데 상위 카테고리에 자신의 글이 있는 것을 발견했습니다. 여러 댓글까지 달린 것도 확인하고 기쁜 마음에 들어가 봅니다. 글을 읽고 아무래도 공감이 되다 보니까 이 결혼 회사를 통해 결혼이 성사되진 못하더라도 상담 한번은 받아보고 싶다는 댓글과 관심을 표현하는 댓글이 많았습니다. 그렇게 회사에 문의가 오는 전화가 많아졌고, 결혼 도우미에 대한 계약이 그리 많지는 않았지만, 적당하게 건당이 들어오는 것을 보고 흡족해 하는 본인의 모습을 발견합니다. A씨가 처음에 쓴 글은 평소에 알고 있던 지식으로 밋밋하게 소개로 끝나고 글을 읽는 사람을 통한유익한 부분이 부족하다 보니까 성과가 적은 것에 실망스러웠는데, 이렇게 실패를 통한 다시 한번 깨우침이 자신에게 새로운 성공을 가져다준 것입니다. 실패를 하고 바로 포기할 수도 있었지만, 자신의 생계를 위해서 새롭게 시작한 일이 또 다른 돈이라는 친구를 불러다 준 것입니다. 지금까지는 한 직장인의 재테크 성공 사례를 소개드렸습니다.

그렇다면 독자분의 성공과 실패의 경험은 무엇인가요? 이 두 친구가 가져다준 새로운 행운이 무엇인가?

만약에 아직 경험이 없거나, 기억이 딱히 안 난다고 해도 상관없습니다. 저희에게는 미래라는 고마운 친구가 있으니까요. 새롭게 계획해 보는 것도 좋습니다. 이것이 독자에게 또 하나의 성공과 실패의 이야기로 만들어져서 진정으로 본인이 원하는 답으로 가져다줄 것이라고 저자는 확신합니다.

[●] 결과를 향한 과정

[●] 사람의 미래는 현재의 결과라고 합니다. 과거가 있으니 현재가 존재하고, 현재가 있으니까 미래가 준비되는 것처럼, 저희 모두는 미래를 향해 달려가고 있습니다. 앞으로의 꿈과 목표를 가지고 달리거나, 아니면 아무런 목적의식 없이 살아가는 사람도 존재합니다. 현재의 어떠한 선택을 하는 것에 따라서 미래가 결정되는 것도 사실입니다. 현재를 부지런히 사는 사람은 미래를 부지런한 준비하는 사람과 같고, 현재를 게으르게 사는 사람은 미래를 위한 준비가 적습니다. 그런데 자신의 노력에 비해서 앞으로 얻어내는 보상이 적거나, 오지 않는다고 세상을 탓하는 것은 영양가 없는 행동입니다. 원인은 본인에게 있습니다. 세상은 단지 자신이 이루는 꿈에 도구를 제공해 줄 뿐입니다. 지금 당장 힘이 나지 않아서, 목표가 없어서, 지금 사는 것도 바빠서 어쩔 수 없었다는 것은 그 상황에서 허우적대는 사람이라는 것을 증명하는 것입니다. 한 의류 브랜드 H회사를 창업한 A씨가 있습니다. 자신이 디자인한 옷을 널리 알리고 싶은 마음을 가진 사람입니다. 아직 스타트업으로 배우고 꾸려나갈 것이 많지만, 먼저 자신의 컬렉션에 있는 옷들을 매장에 배치

합니다. 그동안 자신과 주변으로부터 좋은 평을 받았던 컬렉션인 만큼 자신 있게 판매를 시작하게 됩니다.

이미 한 의류 브랜드매장이 생긴다는 입소문이 퍼져서 거의 오픈 초창기에는 사람들이 많이 몰린다지만, 시간이 지나면 지날수록 손님은 줄고, 허전한 매장에 하루에 한두 손님이 올까말까 하는 상태입니다. 그만큼 자신 있었던 컬렉션의 효과가 이 정도라는 것에 실망스럽기만 합니다. 홍보가 부족했는지, 아니면 매장의 디자인? 그것도 아니라면 본인의 서비스가 별로였는지 도무지 감이 잡히지 않습니다. 그래서 자신의 업계에서 평가 좋은 매장을 가서 비교를 해 봅니다.

어느 매장은 이미 규모가 확장된 터라 진열된 옷의 개수와 일하는 직원의 숫자부터 차이가 납니다. 옷들을 보면 지나가면서 보는 사람들이나 SNS에서 사람들이 주로 즐겨 입을 듯한 옷들이 가득했고, 매장의 디자인은 깔끔한 것 그 이상 그 이하도 아니었습니다.

가격도 개인 브랜드인 만큼 값이 나가는데도 사람들이 자주 방문하고, 매장의 상태나, 주변 평판에서도 이 매장의 매출은 상상만으로도 훌륭했습니다. 그리고 자신의 매장에 돌아와서 다시 돌아보게 됩니다. 이 허전하고 텅 빈 매장을 꽉 채울 만한 비법이 무엇일까? 인터넷 검색을 해서 사람들이 자주 찾는 매장의 특징을 찾아봅니다. 옷이 너무 독특하거나, 튀면 취향인 사람이 아닌 이상 생활하면서 입기가 부담스러운데 디자인도 무난하고 그렇다고 흔한 것이 아닌, 자신만의 아이디어로 만든 옷이 개성이 있어서 활용성이 좋다는 것을 발견합니다. 단지 자신과 남들의 눈에 예쁜 옷보다는 실생활에서 편하게 입을 수 있는 옷을 디자인하는 것입니다. 본인의 컬렉션 옷은 모두 자신의 디자인에서 나온 독특함뿐이었습니다.

실생활에서 입기보다는 특별한 날에 입기 좋은 옷들로 나열해 있으니까 오히려 손님들 입장에서는 별로 입을 일이 없을 것 같아서 매장을 떠나게 했던 이유가 될 수도 있었고, 이쁘긴 하지만 가격에 있어서 부담이되는 문제가 있었을 수도 있습니다. 그러나 이미 만든 옷들을 폐기하기에는 자신의 소중한 창조 제품들이기 때문에 원래 있는 디자인에서 개량을 하기로 결정을 합니다. 컨셉은 여전하게 독특함으로 밀고 가지만, 실생활에서 활용하기 좋은 원단과 깔끔한 디자인으로 변경해서 만들어봅니다. 사람들은 옷이 아무리 이뻐도 입기 불편한 옷은 꺼리는 것을 찾아냈습니다. 그리고 매장의 상태는

깔끔한 스튜디오 같은 분위기에서 깔끔한 것은 그대로 두고, 자신의개성이 보이는 매장으로 추가적으로 꾸미고, 홍보하는 것도 자신의 광고SNS 계정을 통해서 20% 이상의 기간 할인을 한다는 것을 홍보합니다. 옷은 마음에 들더라도 가격이 부담스러우면 구매하기 망설여진다는 것도 알게 된 것입니다. 그리하여 초반보다는 방문해 주는 손님의 수는 늘고, 매출도 전보다는 상승했습니다. 단지 작은 것을 보완했을 뿐인데 결과가 생각 이상으로 좋습니다. 이와 같이 정리를 하면 A씨가 자신의 브랜드를 창업한다는 목표는 좋았지만, 그만큼 영업에 대한 준비성은 부족했고, 또한 그러한 과정 덕분에 결과적으로는 매출에 적자가 난 것입니다. 말로는 이렇게 짧게 서술하지만, 현실로는 그러한 과정들이 얼마나 좌절스럽고 힘들었을까요? 그래서 이 과정을 통한 좋은 결과를 얻기위해 노력한 성과가 좋게 다가온 것입니다. 상품 매장을 하는 곳에서 마냥 손님이 오지 않는다고 가격이 줄이고, 덤을 더 주는 것보다는 그 매장

의 특징을 살려내는 것입니다. 언제나 활용하기 좋은 상품이지만, 어디서든 볼 수 없는 디자인으로 선사하는 것입니다.

가격이 꽤 나가더라도 그만한 가치가 있는 상품이라면 사람은 고민이 들더라도 구매하는 데에는 아끼지 않습니다. 유명 어느 업계의 브랜드를 봐도 그렇습니다. 똑같이 활용할 수 있는 크로스 백이라도 그 브랜드만의 분위기와 디자인을 선사한 상품의 가치는 확연하게 차이 납니다. 같은 디자인의 이불을 팔더라도 만들어진 원단만 달라도 가치는 달라지며, 소비자들은 더욱 사용하기 편한 원단의 이불이 가격이 더 나가더라도 가치가 높다고 생각하기에 구매할 확률이 높습니다. 그렇다면 이불 회사는 사람들이 편안한 잠을 제공해 주는 이불의 원단을 연구하고, 만드는 과정을 통한 더욱 구매율을 올리는 결과를 얻어내는 것입니다. 물론 어느 상품이라도 그냥 만들어지는 상품은 없습니다. 모두 필요가치가 있는 상품이기에 세상으로 나온 소중한 상품들입니다. 그러나 그중에서도 소비자들은 또 한 번 걸러낸다는 것입니다. 판매자 입장과 동시에 소비자 입장을 혼합해서 판매를 하는 매장은 매출 정도부터가 다릅니다. 그렇다면, 독자의 가치 있는 과정은 무엇입니까?

그것이 자신에게 가져다준 결과는 무엇일지, 어떠한 이익이 되었을까요?

하는 만큼 돌아온다

세상에 거저는 없다는 말이 있습니다. 작은 사탕 하나를 구매하더라도 지불할 돈은 벌어야 한다는 것입니다. 이처럼 움직이는 일이 없으면 돌아오는 것은 제자리입니다.

중요한 것은 무작정 일을 한다고, 자신의 재산으로 쌓인다는 보장은 없습니다. 왜냐하면, 사람의 생사에서 어디서 돈이 나갈지 모르는 일이기 때문에 지병으로 인한 치료비와 수술비가 나갈 수도 있고, 자신의 차량의 문제나 사고로 인한 수리비용과 자식 양육에 필요한 양육비, 보금자리를 위한 집 마련 등 어디서 나가서 통장 잔고가 바닥을 보일 일은 대비해야 하는 것입니다. 일반적인 사람들의 소비를 예시로 들었다면, 돈을 숨 쉴 때마다 확장해 가는 사람이 존재합니다.

이러한 사람은 자신의 분야를 성장시켜서 돈을 불려오는 경우가 많습니다. 법칙 적으로 경제적인 환경은 자신의 재능 성장으로 비롯했다는 것과 연관성이 큽니다. 회사에서는 일을 잘하고, 성실하면서 열정적인 사람을 좋아하는 것은 흔히 알고 있는 사실입니다. 그렇지만, 자신의 분야를 성장시키는 사람이라면 어떠할까요?

어느 회사에서든 환영입니다. 자신의 분야를 성장시키는 것은 곧 회사의 발전과도 상관이 있습니다. 예를 들어, 그림을 그리면서 소재를 만들던 사람이 영상편집 일을 배운다는 것은 어떻습니까? 자신의 소재로 만든 영상을 만드는 것은 두 개의 몫을 가져가는 것입니다. 한 가지 일을 하면서 경제적인 환경을 확장하는 것은 분야를 확장하는 것과 같습니다. 할 수 있는 일이 늘어난다면, 그만큼 하는 만큼 버는 금액은 클 수밖에 없습니다.

물론 개인이 아닌, 회사에서 단체나 회사와 같은 다수와 일하는 곳은 합의하에서 급여 차이가 있겠지만, 자신의 재능을 하나씩 살리는 사람들 중에는 개인 사업을 하시는 분들도 많습니다. 어쨌거나 사업도 하나의 재능 경쟁입니다. 아직 이름도 알려지지 않은 작은 카페라고 할지라도 다른 프랜차이즈 카페와 다른 참신한 메뉴를 개발한다면 이미 그 음식의 소유권은 이 작은 카페의 것으로서, 매출이 생기는 대로 자신의 것이 되는 것입니다. 이미 여러 음식점에서 다른 식당과 다른 음식을 개발해서 사람들이 잘 아는 프랜차이즈 점들이 많습니다. 떡볶이 하나를 만들더라도 다른 소스를 사용하는 것과 스파게티도 이와 같습니다. 고기를 굽더라도 정교한 작업으로 인해서 고기의 굽기에 따른 맛의 차이를 발견한 것과 유사합니다. 이와 같이 세상에는 아직 알려지지 않은 아이디어가 천지입니다.

그것을 찾아서 하나의 작은 씨앗이 견고한 나무가 되는 성장 과정처럼 키워나가는 기회는 자신에게도 있다는 것입니다. 막연하게 현실에 치이고 살며, 먹고 살기 바쁘다는 이유로 움직이지 못하는 것은 이미 나무를 키운 사람들에게는 핑계와 같습니다. 물론 각 사람마다 하고 싶은 꿈이 안정되게만 사는 것이라면 한 직장에서 오래 근무하는 것도 하나의 방법이겠지만, 자신의 분야에서 성장시킨 사람의 안정은 차이가 큽니다. 매일같이 근무해서 일당을 버는 것과 돈이 알아서 찾아오는 재능은 방향부터가 다르니까요. 하늘 또한 마찬가지입니다.

신은 가능성이 있는 사람에게 기회를 선사합니다. 그러기 위해서 기회를 찾는 노력을 보입니다. 단지 일을 해야 하니까 하는 사람과 일을 하는 것으로 자신의 공간을 확장시키는 사람 중에서 누가 더 가능성이 있는 마인드 같습니까? 사람의 눈으로 봐도 후자가 더 가능성이 커 보입니다. 이와 같이 어느 분야에서 근무를 하던지 막연하게 일을 하는 것보다 그 분야에서 다른 사람에게서 찾아볼 수 없는 자신의 나무를 키워 보십시오. 처음에는 작아 보일 수 있습니다.

콩알 만한 씨앗과 같습니다. 그렇지만 물을 주고, 햇빛을 받으며 오랜 시간 큰 나무는 무엇보다도 견고합니다. 물을 주고 햇빛을 받으며 오랜 시간 크는 것은 하나의 과정일 뿐입니다. 대부분 여기서 실패를 하는 경우가 많습니다.

그렇지만, 독자의 경우는 다릅니다. 이미 자신의 나무를 키우기 위한 준비는 이 책을 펴는 순간부터 시작되었습니다. 현재 만족할 것은 여기까지 버텨 온 대견한 자신입니다. 그렇지만 앞으로 만족해야 할 것은 그럼에도 꾸준히 유지하는 대견한 자신이라는 것입니다. 미래를 향해 나아가는 본인은 무엇보다도 견고한 나무와 같습니다. 자신의 성장만큼 환경도 성장하는 것을 잊지 마십시오.

Chapter 6.

행복

*한 개를 나누는 열 개의 재미

*누군가에게 선물을 준 적이 있으신가요? 선물을 준다는 것은 하나의 호감의 표시이자, 상대방을 향한 애정을 물질로 표현하는 것입니다.

어느 좋아하는 친구에게 주려고 선물을 고르는데 선물을 고르는 순간에도 그 친구가 무엇을 좋아할지, 어떤 게 필요할지 생각을 하게 되는 시간도 갖게 됩니다. 선물은 자신보다는 상대방이 좋아하고 필요한 것을 준다는 존중의 표현이기도합니다. 선물을 받고 행복해하는 친구의 모습을 떠올리면 새삼 흐뭇하기도 하고, 뿌듯해집니다. 그래서 자신이 준비한 선물을 친구가 받고 좋아해 준다면 그것도 세상 사는데 하나의 재미로 느껴집니다.

그런데, 친구가 자신의 선물을 부담스러워하거나, 예의라는 이유로 거절을 반복한다면 어떠할까요? 내심 속상하고 기분이 나빠지기도 합니다. 선물은 예의이기 전에 성의라는 것인데 말이죠….

그렇다면, 타인에게 주는 선물보다도 자신에게 제공하는 선물은 무엇일까요? 다양한 답이 있을 것 같습니다.

하루 동안 고생한 자신에게 침대에 누워서 재미있는 영화를 보는 휴식, 맛있는 음식을 먹는 것, 재미있는 취미 생활, 건강을 책임져 주는 운동, 퇴근 후에 기다리는 사랑스러운 자식들 등 자신에게 맞는 활동과 사람으로 행복을 즐기는 것을 선택을 하게 됩니다. 자신이 좋아하는 것을 먹거나, 보거나, 하거나 생각을 한다면 저절로 행복해집니다. 이와 같이 소소하게 행복을 주는 요소도 있지만, 진정한 행복은 자신의 마음이 안정되는 것입니다. 타인이나, 외부로부터 오는 행복감도 좋지만, 그 전에 스스로가 줄 수 있는 행복감은 무엇일까요?

우선, '나'라는 존재가 안정이 된다면, 다른 타인이나 외부환경이 달리 보이고, 더욱 긍정적인 자신의 영향을 선사해 준다는 것입니다. 저자는 이렇습니다. 매일 눈을 뜨면 바로 몸이 일으켜지는 것과 동시에 기지개를 켜면서 하루를 감사하는 것을 마음속으로 외칩니다. 바깥 햇빛을 보면서 저렇게 밝은 날을 볼 수 있다는 것은 좋고, 행운이란 것을 뿌듯해 합니다.

단 하루를 살더라도 그 시간 동안에 마음속으로 감사합니다, 또는 할 수 있다, 그럴 수 있다, 그랬구나를 몇 번이나 외치는지 모릅니다. 수도 없이 외치다 보니 언제든 무의식적으로 나 이거 혹시 습관인가? 의문이 들 때도 여러 번 있었습니다. 그러나 마냥 이해가 됐습니다. 자신을 향한 이해를 스스로 펼쳐 보자고 했던 소소한 노력들이 이렇게 긍정적인 말을 마음속으로 습관적으로 부를 수 있다는 것이었습니다.

행복합니다. 무엇보다도 만족합니다. 저자는 스스로에게 주는 선물 중에 하나는 이와 같습니다. 바로 '자신에게 선물하는 존중'입니다. 타인이 아닌, 본인이 본인에게 주는 존중은 제가 속으로 좋든 안 좋든 어떠한 생각을 하더라도 그랬냐는 이해를 의미합니다. 하루 중에서 복잡하거나 힘겨운 일이 있었으면 타인은 보기 싫을 수 있지만, 제 스스로는 얼마나 힘들었냐며 다독여 줍니다. 지금도 잘하고 있다면서 보듬어줍니다. 처음 시도할 때는 마냥 낯설고 익숙하지 않은 일이라서 어색했지만, 막상 시작하고 계속 시도를 하다 보니까 이제는 무엇보다도 자연스러운 모습이 되었습니다.

그러다 보니까 제 일상에도 나오는 모든 말이나 행동이 자연스럽게 흘러나옵니다. 그러니까 제 자신이 봤을 때도 이러한 변화가 보이는데 제 주변 타인들은 어떠했겠습니까? 변화된 제 모습에 감탄을 하며, 칭찬이 오가며, 존중받는 일이 일상입니다. 저를 무시하는 사람이 생기더라도 그 순간에는 기분이 상하고, 속상하지만, 저에게 상처를 준 타인에게 제 스스로를 사랑하는 단어와 동시에 상대방이 얼마나 힘들면 나에게 저런 힘든 말을 하려나 싶어서 조용히 입을 닫게 됩니다. 이러한 경우에 시간이 조금 지나고 상대방이 오히려 저를 그리워하는 경우를 보고, 저는 그저 건강하게만 잘 살기를 기원합니다. 비록 상처는 받았지만, 상처를 주지 않음으로써 제 스스로를 지키고, 존중한 것입니다. 순간에는 화가 나서 참기 어려울 수도 있고, 험한 말로 반박할 수도 있지만, 계속 연습하다 보면 어느 순간 입을 닫고 마냥 태평하게 웃어 넘기는 자신을 발견할 수 있습니다. 동시에 상처를 준 상대방에게 반박하는 상처를 주지 않음으로써, 거부감이 생기지 않도록 한 것입니다. 오히려 나중에는 호의적인 행동을 보면서 저는 감사합니다. 이러한 순간이 오기까지는 마음속으로나 머릿속으로나 생각이 나면 나름 답답했지만 그래도 그동안 잘 참고, 제 스스로를 바라봐 주고 이해해 준 덕분에 꽤나 만족하는 성과입니다.

지금까지는 저자의 사례였지만, 독자는 자신에게 어떠한 선물을 주며, 그 선물이 진정한 행복을 가져다주는 것인지 정리가 되었을지, 혹은 정리가 필요할까요?

만약에 생각이 안 나거나, 이러한 계기가 없었던 것 같다면 괜찮습니다. 이제부터라도 하나의 자신의 인생 이야기를 쓰듯 만들어지면 그만입니다. 미리 만들어지는 사람이 있듯이 조금 더디게 만들어지는 사람도 분명히 존재하니까요.

행복이란? 진정한 자신의 만족을 의미합니다. 제 스스로의 심신이 만족하는 상태라면 무엇보다도 사람은 안정 그 자체입니다.

물론, 이 만족감을 방해하는 요소는 '욕심'입니다. 욕심을 부리면 좋다 또는 욕심이 난다는 하나의 방해요소를 스스로 만드는 것과 같습니다. 만족은 욕심과 함께 공존을 하지 않으며, 애초에 빛과 어둠 속성이 다르기 때문에 함께 있기가 불가능합니다. 그렇기 때문에 본인은 한 가지를 선택해야 합니다. 단지 욕심을 선택하는 것이라면, 더 가지고 싶고 채우겠다는 부풀린 마음으로 노력은 배가 되겠지만, 무엇보다도 자신의 마음은 무겁습니다. 그리고 어느 때보다도 자신의 상태를 알 수가 없는 망각, 즉 감각이 상실된 상태가 되기 쉽습니다. 그렇다면, 만족을 선택을 한다면 어떠할까요? 무엇보다도 욕심이라는 친구와 다르게 노력에 비해서는 속도가 느리고, 일의 양도 많지는 않더라도 그 순간에 즐기고 재밌어하는 자신의 모습에 만족을 하고, 그 긍정적인 빛을 보고 오는 하늘은 이치에 맞게 행동하는 사람에게 부족할 것도 없이 채워준다는 법칙이었습니다.

저자는 이러한 삶을 살고 있습니다. 이미 살고 있는 세상을 나열하는 것입니다. 저는 제 스스로가 좋습니다. 못났고 쓸데없다는 생각은 저를 자해하는 것과 같습니다. 그래서 더욱 본인이 생각하기에도 거부감이 드는 부정적인 영향들입니다. 이러한 것을 떨쳐내기 위해서 마치 한 갓난아기가 즐거운 웃는 얼굴로 어머니를 바라보는데 그 어머니는 행복해하며, 세상 다 가진 듯한 기분으로 아이를 안고 흥얼거리는 것과 같습니다. 제 자아는 마냥 행복한 아껴 주고 싶은 갓난아이, 그 모습을 향한 저의 마음은 그 아이를 바라보고 행복해하는 어머니와 같습니다.

그렇다면 독자도 이렇게 살거나 혹은 비슷한 상태일까요?

*행복은 나에게 있다

* 본인의 상태를 아는 것은 하나의 행운입니다. 그만큼 개선할 수 있는 기회가 주어졌다는 것이고 개선한 자신을 만족할 수 있는 하나의 행복이기도 합니다. 실상 멋진 집과 값나가는 자동차와 유명 브랜드 옷과 좋은 음식을 먹는 것은 행복의 종류 중에서 하나입니다.

저것들을 실제로 다 가진 사람들은 종종 볼 수 있는데 보이는 눈에는 호화롭고 여유롭고 즐기면서 사는 것 같아 보이는 삶이 현실은 공허한 마음까지 채워주는 도구는 아니라서 말 못 하는 쓸쓸하고 고독한 시간도 많습니다. 다 가져 봐도 아직 다 채워지지 않은 빈 공간 같은 마음이 자신을 괴롭힙니다. 이미 자신의 금고가 채워지고 넘치다 못해 그동안 생각만 해 왔던 기부나, 봉사활동도 열심히 해 봐도 진정한 행복, 즉 오랜 시간 안정적으로 유지되는 행복이 아니었습니다.

단체나 사회의 기부하는 것과 봉사활동은 선한 일이라고 하지만, 본인에게 안겨주는 것은 착한 타이틀이 달리는 것 그리고 순간의 뿌듯함, 동시에 그럼에도 채워지지 않는 허전한 공허함이 끝까지 괴롭힙니다. 도대체 무엇을 해야 채워지는 것인지 허둥지둥대다가 지치거나 너무 외로운 나머지 술, 유흥, 마약 등과 같은 것으로 자신의 욕구를 채우기도 합니다. 안전하지 않지만요. 그러나 다 가졌다고 행복하지 않은 것과 동시에 가진 것이 없는 사람은 어떠할까요? 없다는 것에 비참합니다. 성공은 자신과는 먼 미래같고, 지금 사는 것도 버거운데 경제적으로 물가는 오르고 급여는 적은 것 같은 불만이 올라올 수 있습니다. 그렇지만 저자는 전하고 싶은 말은 따로 있습니다. 경제는 무엇보다도 자연스럽게 흘러가고 있다는 사실을 말입니다. 사람이 성장하고, 그만큼 일의 효율도 발전하는 세상인 만큼 사람들의 편리성은 증가합니다. 삶의 질도 그만큼 증가한다는 것인데, 물가 하나만 덩그러니 그대로 남는다면, 사람의 더 나은 삶을 위한 노력은 어떠할까요?

자신의 버는 수익은 오르고, 물가는 그대로라면 그만큼 먹고 늘어지는 사람이 되기 쉽습니다. 나태해지기 쉽다는 의미이죠. 물가가 오른다면, 그만큼 힘겨워지는 건 사실이고 안타까운 건 현실이지만, 더 이상 물러날 곳도 없고, 맞설 힘 또한 없다면, 그만큼 돈을 쫓아가고 쫓기는 삶은 아니었는지, 되돌아볼 필요가 있습니다. 태어날 때부터 집안이 많이 가난해서 다 성장하고 어느 정도 자본이 있는 상태라도 알뜰살뜰하게 모으고, 쓰지도 않는 습관이 남는 것은 적당하면 쓸만하고, 훌륭한 대안입니다. 과하게 알뜰살뜰하고, 모은 수익을 쓰지 않는다면, 경제는 흘러가는 것이기 때문에 돈은 다음 차례의 주인을 찾아가기 마련입니다. 자신의 현재 하고 싶은 것을 쓰지도 못하고, 어느 날 생각하지도 못한 채로 돈이 빠져나가는 경우 억울하지 않겠습니까?

무엇이든 세상의 물질적인 가치 또한, 자신의 주인을 찾는 것입니다. 반대로 너무 과도하게 낭비를 하는 사람에게는 성장은 저 멀리 있습니다. 순간의 갖고 싶다, 하고 싶다는 욕구로 인한 충동은 후회를 쉽게 가져다준다는 것입니다. 그렇다면, 사용할 때는 쓰고, 아낄 때는 보관할 수 있는 소비는 어떠할까요? 그만큼 쓸 곳에는 투자를 하기에 자신의 삶의 만족을 높이고, 돈이 순식간에 나가는 일이 생겨도 과도하게 아끼는 사람보다는 심신이 자연스러울 수밖에 없습니다. 이미 과거에 투자를 한 경험이 있기 때문입니다.

또한, 아낄 때는 어김없이 보관함으로 인해서 경제적인 궁핍함에 대한 안정감과 과한 소비를 절제한 대가로 자신의 통장 잔고의 신용 등급이 올라갑니다. 이와 같이 중간이 어렵다는 습관적인 말은 버리고, 그 중간을 목표를 정하고 가는 사람은 포기만 하지 않는다면, 균형 있는 경제적인 생활에 수월할 것입니다. 하나의 일을 하든, 두 개 혹은 세 개의 일을 하든 무엇이든지 자신이 감당할 수 있는 선에서 하는 일이라면 분명히 중간으로 가는 일은 어렵지 않을 것입니다.

무엇이든 과도한 욕심(가지고 싶거나 하고 싶은 욕망을 제어하지 못하고 어느 수단으로 표출하는 것을 뜻)을 가진 다면 중간을 꿈꾸는 것은 버려야 합니다. 균형은 욕심과 공존하지 않으며, 어울리지 않습니다. 기억하세요

'나'라는 존재는 균형뿐만 아니라 자신의 과도함과 저조함을 동시에 지배할 수 있는 유일한 존재입니다.

• 즐거운 세상살이

• 세상은 흥미로움 그 자체입니다. 신비하고 희귀하고 아름답고 특별하고 진귀한 일과 물체들이 다양하고 넘쳐납니다. 그러나 그흥미는 아무에게나 주어지지 않습니다.

이 말은 즉 숨겨져 있는 보물 지도를 찾는 사람에게만 주어지는 특별한 기회라는 것입니다. 모든 사람에게나 동등하게 주어진 인생 코스라고 하면, 험악하고 위험하고 복잡한 세상이라도 어딘가에 숨겨져 있는보물은 값지고 소중하기 마련이니까요. 존재합니다. 이 흥미로운 눈을뜨게 해 줄 분명한 보물이 말입니다. 이 보물을 찾기 위한 힌트와 지름길은 자신의 존재 이유를 아는 것입니다.

'태어나 보니까 세상이더라, 태어난 이상 사는 거다, 죽지 못해 사는거다'라는 누구나 쉽게 할 수 있는 말이 아닌, 자신의 인생 보물 같은 존재 이유를 찾아내는 것입니다. 분명하게 존재하는 것은 왜 이렇게 어렵고 복잡하고 무서운 세상에 내가 살고 있는지 궁금하지 않으세요?

정답은 있습니다. 그것을 찾는 사람에게는 길이 열려 있습니다. 언제나 자신을 향해서 손을 흔들며 빛을 내고 있는 이 길은 얼마든지 찾아와 주길 바라고 있는 걸요.

　　힘든 일이 일어나도 시간이 지나면 다시 일어날 수 있는 이유는 하늘이 주는 다시 앞으로 나아갈 수 있는 '망각'이라는 선물과 동시에 자신의 열정입니다.

　　매일 반복되는 회사, 가정, 학교생활이 지겹거나 힘겹다는 것은 그만큼 앞으로 나아가기 위한 자신의 열정이 사용되는 것입니다. 그만큼 에너지가 사용되기 때문에 지치는 것은 자연스러운 현상입니다.

　　그렇다고 지치고 힘겨운 자신이 생각했던 것보다 성과를 못 내거나 해야 하는 일을 못 한다고 스스로 채찍질하는 일은 없어야 합니다. 이것은 본인을 살인하는 것과 같습니다.

　　본인, 혹은 주변에서 아무 이유도 없이 화를 내거나 겁이 날 만큼 이상행동을 한다면, 그것은 당신의 살려달라는 구조 신호입니다. 너무나도 버거운 처지에서 더 이상 앞으로 나아가기에도 에너지 방전이 오래된 상태입니다. 이러한 경우는 다시 회복할 수 있는 계기가 필요합니다. 그만큼 따뜻함을 갈망하는 상태는 무엇보다도 표현이 과격할 수 있지만, 확실한 구조 신호는 맞습니다.

　　물론, 피해가 되는 행동은 처벌을 받는 것은 당연합니다. 그러나 그러한 사람을 보고 무시한다는 것 또한, 처벌의 대상입니다. 무엇보다도 본인의 상태를 무시하는 것은 자신을 향한 형벌과 같습니다. 이처럼 즐겁게 살아갈 수 있는 비결은 구조를 받은 자신이 회복이 되는 것부터 시작입니다. 여기서 회복이란 자신의 고갈된 에너지를 오랜 시간 방치된 상태로 놔둔 것을 에너지 보관함을 교체하는 것과 동시에 새로운 에너지를 충전하는 것을 의미합니다. 에너지 보관함은 새로운 목표, 그리고 새로운 에너지는 그 목표를 향한 자신의 구체적인 계획입니다.

삶의 목표가 있는 사람은 누구보다도 열정적이고 힘이 넘칠 수밖에 없습니다. 그 이유는 사는 목적이 분명하기 때문입니다. 이처럼 새롭게 목표를 찾는 것은 오랜 시간 고민하고 찾는 과정이 필요할지라도 많은 변화의 기초가 된다는 것이 사실입니다. 구체적인 계획 또한 일정표처럼 이때 '무엇을 하겠다' 이런 것보다는 자신이 해야 할 목록을 만드는 것입니다. 기간과 시간을 정하고 일정을 만드는 것은 해야 한다는 압박감이 강하게 들 수도 있습니다. 그러나 해야 할 일의 목록을 정하는 것은 앞으로 어느 때든 이 일을 할 수 있다는 것입니다.

그리고 하나씩 일을 해낼 때마다 목록에서 목표 달성을 표시해 둔다면, 그만큼 올라오는 성취감에 하루를 마무리하기 마음 편안합니다. 소소하고 평범한 일이라고 할지라도 그것이 당신의 새로운 모습으로 변화시켜줄 도구라는 것은 인생 역전의 핵심입니다.

•하고 싶은 말

　°경제적으로 어려운 시기를 겪거나, 더욱 나은 삶을 소원하는 분들이 점차 늘어나는 사회 같습니다. 이 계기가 또 하나의 기회가 되어서 다소 몇 군데는 추상적인 표현으로 보일 듯한 글들로 소개드렸습니다. 이유는 사람마다 주어진 환경이 다르기 때문에 스스로 자신을 비춰보는 것이 중요하기 때문입니다. 저자의 삶의 상태와 경험담을 통해서 관련된 도움이 필요한 분들에게 이러한 방법도 있다는 목적을 가졌습니다.

　더 나은 사회를 위한 더 나은 자신의 상태를 가꾸는 스스로 비법을 경험과 관찰을 통하여 나누고 싶은 내용들이 담겨 있으므로, 모든 사람들이 자신 고유의 빛을 내며 빛나는 삶을 살기를 바랍니다.